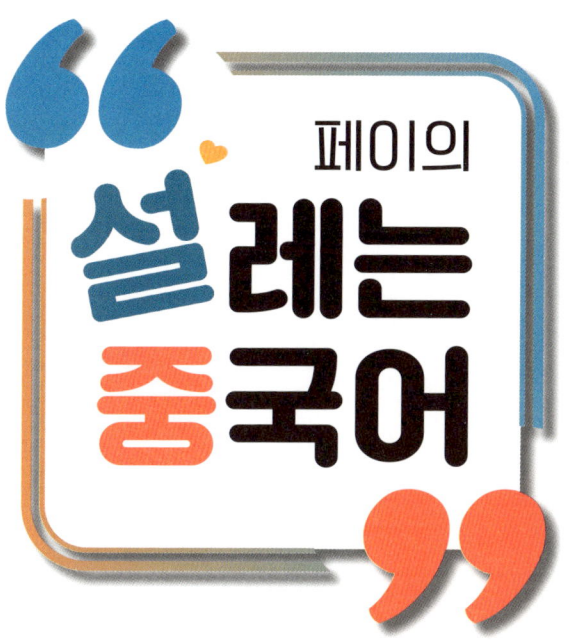

초판 인쇄일 2018년 5월 15일
초판 발행일 2018년 5월 22일

지은이 배정현, 양은지
그림 강한솔
발행인 박정모
등록번호 제 9-295호
발행처 도서출판 혜지원
주소 (10881) 경기도 파주시 회동길 445-4(문발동 638) 302호
전화 031)955-9221~5 **팩스** 031)955-9220
홈페이지 www.hyejiwon.co.kr
블로그 blog.naver.com/hyejiwon9221
페이스북 www.facebook.com/hyejiwon9221

기획 · 진행 박혜지
표지 디자인 김보리
본문 디자인 전은지
영업마케팅 김남권, 황대일, 서지영
ISBN 978-89-8379-959-3
정가 14,000원

Copyright © 2018 by 배정현, 양은지 All rights reserved.
No Part of this book may be reproduced or transmitted in any form,
by any means without the prior written permission on the publisher.

이 책은 저작권법에 의해 보호를 받는 저작물이므로 어떠한 형태의 무단 전재나 복제도 금합니다.
본문 중에 인용한 제품명은 각 개발사의 등록상표이며, 특허법과 저작권법 등에 의해 보호를 받고 있습니다.

이 도서의 국립중앙도서관 출판예정도서목록(CIP)은 서지정보유통지원시스템 홈페이지(http://seoji.nl.go.kr)와 국가자료공동목록시스템(http://www.nl.go.kr/kolisnet)에서 이용하실 수 있습니다.(CIP제어번호: CIP2018013094)

머리말

테마가 있는 학습서로 중국어와 연애해요.

회화 교재의 배경은 언제나 학교와 교실이었죠. 건전하지만 건조한 대화가 중국어에 대한 흥미를 떨어뜨리지는 않았나요? 우리는 학습서도 재미있어야 한다고 생각했습니다. 그래서 테마가 있는 교재를 만들었습니다. 누구나 한 번쯤은 겪어보았을 이야기로 남녀 주인공의 대화를 구성했습니다. 다양하고 생생한 에피소드로 공감되는 공부를 하셨으면 합니다.

어법 Tip은 물론 연애 Tip까지 챙기며 중국어랑 연애해요.

소개팅 Tip, 데이트 Tip에 토라진 이성을 달래는 Tip까지 중국어로 준비해두었습니다. 혼자 배우기 아까운 표현들을 듣고 따라 하고 혹시나 부족할까 봐 연습문제까지 알차게 만들었습니다. 흥미로운 어휘와 유용한 문장을 지루하지 않게 반복학습하며 중국어와 연애가 함께 향상되는 '사랑의 기적'을 누리면 좋겠습니다.

주인공의 스토리를 따라 중국어로 연애해요.

연애초보였던 주인공이 연애고수가 되어 결혼에 골인하는 10단계의 러브스토리는 어찌 보면 우리들의 중국어 스토리와 참 많이 닮아있습니다. 두 주인공의 러브스토리를 들여다보며, 차근히 공부를 하다 보면 중국어 초보인 우리들도 빛나는 중국어를 구사하는 진짜 중국어 고수가 되어있겠죠. 30강의 마지막 페이지를 넘기는 그날에는 여러분이 진짜 이 책의 주인공이 되어주셨으면 합니다.

잠시 죽어 있던 연애 세포가 깨어나듯,
잠시 꺼져 있던 당신의 중국어 흥미가 깨어나기를.

오래 묵혀 뒀던 연애 열정이 피어나듯,
오래 묻혀 있던 당신의 중국어 열정도 피어나기를.

2018년 봄. 또 한 번 새롭게 당신의 중국어를 응원합니다.

배정현(BJ PEI), 양은지 올림.

이 책의 구성

▶ Step 1

각 과에서 가장 핵심이 되는 문장을 소개합니다.

미리보기에서는 간단한 대화로 본문의 내용을 미리 확인할 수 있습니다.

▶ Step 2

주요 단어를 수록했습니다.
본문을 공부하기 전에 MP3 파일을 들으며 새 단어를 익혀보세요.

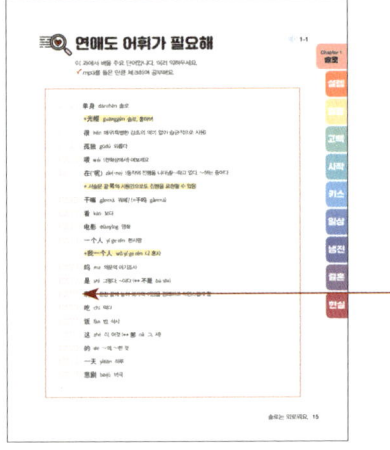

MP3 파일을 들은 횟수 또는 주의해야 할 단어에 체크하고 복습할 때 활용해보세요.

▶ Step 3

〈연애도 대화가 필요해〉는 남녀의 대화로 구성되어 있습니다. 실생활에서 바로 사용할 수 있는 6문장 대화를 통해 자연스럽게 중국어를 익혀보세요.

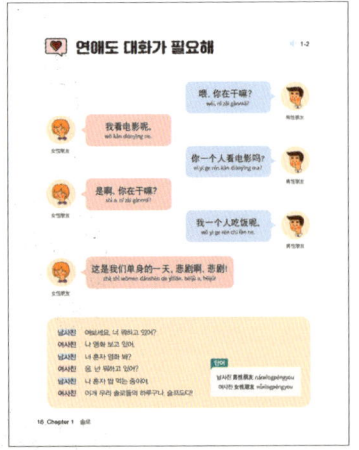

▶ Step 4

〈연애도 공부가 필요해〉는 세련된 응용 문장으로 구성하였습니다. 보다 풍부한 중국어 표현을 익혀 보세요.

남자 주인공의 심경을 대변하는 중국 노래를 담았습니다.

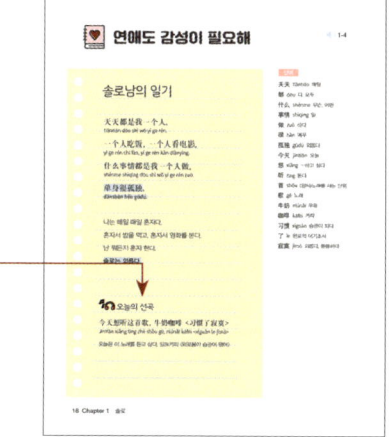

▶ Step 5

〈연애도 감성이 필요해〉는 일기 형식으로, 남자 주인공의 속마음을 들여다볼 수 있는 흥미진진한 코너입니다.
중국어 일기 쓰기 스킬을 높이고 덤으로 감성글귀도 얻어가세요.

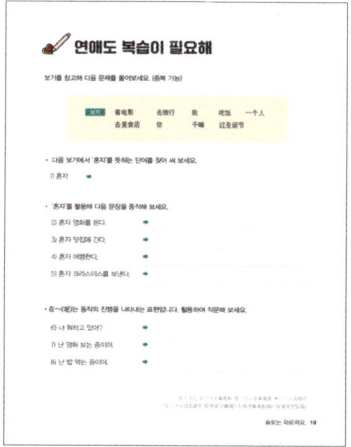

▶ Step 6

〈연애도 복습이 필요해〉는 다양한 문제 유형으로 해당 과의 핵심 문장·단어를 복습할 수 있는 코너입니다. 학습 내용을 얼마나 이해했는지 확인해보세요.

MP3 파일은
www.hyejiwon.co.kr 에서
다운로드 할 수 있습니다.

목차

1 솔로 单身

单身很孤独。 솔로는 외로워요. ················ 14
单身有梦想。 솔로에겐 꿈이 있어요. ············ 20
我没谈过恋爱。 나는 모태솔로다. ··············· 26

2 설렘 心动

单身的理想型　솔로의 이상형 ················· 34
扑通扑通相亲　두근두근 소개팅 ················ 40
我找到了梦中情人。 꿈에 그리던 사람을 찾다. ······ 46

3 밀당 推拉

我可以联系你吗? 연락해도 될까요? ············· 54
我们一起去看电影吧。 우리 같이 영화 보러 가요. ···· 60
欲擒故纵高　밀당고수 ······················· 66

4 고백 表白

我喜欢你。 당신을 좋아해요. ·················· 74
我有女朋友了。 여자친구가 생겼어요. ············ 80
我们还是做朋友吧。 우리 그냥 친구해요. ·········· 86

5 시작 开始

爱情的力量　사랑의 힘 …………………… 94
爱你的理由　너를 사랑하는 이유 ………… 100
天生的一对　천생연분 ……………………… 106

6 키스 接吻

我喜欢亲热接触。전 스킨십이 좋아요. ………… 114
甜蜜的初吻　달콤한 첫 키스 ………………… 120
不可以外宿。외박은 안 돼요. ………………… 126

7 일상 约会

去书店约会　서점 데이트 …………………… 134
祝你生日快乐!　생일 축하해요! ……………… 140
见女朋友的闺蜜。여친의 친구를 만나다. ……… 146

8 냉전 冷战
- 她怎么了? 그녀가 왜 그러지? 154
- 我们需要点时间。 우리 시간을 좀 가져요. 160
- 没有你不行。 당신 없인 안 돼요. 166

9 결혼 结婚
- 我们结婚吧。 우리 결혼해요. 174
- 美好的三个字 아름다운 세 글자 180
- 甜蜜的新婚生活 알콩달콩 신혼생활 186

10 현실 现实
- 我当爸爸了。 제가 아빠가 되었어요. 194
- 输就是赢 지는 게 이기는 것 200
- 结婚是不是爱情的坟墓? 결혼은 사랑의 무덤인 걸까? 206

설레는 중국어, 설레는 한마디
小情人 꼬마 커플 / 学生情侣 학생 커플
校园情侣 캠퍼스 커플 / 远距离情侣 장거리 커플
姐弟恋 연상연하 커플 / 跨国情侣 국제 커플
初恋 첫사랑 / 新婚夫妻 신혼부부
中年夫妻 중년부부 / 老两口 노부부

인물 소개 / 중국어의 인칭대사

• 인물 소개

民浩 민호(28)

남중, 남고, 공대를 거쳐 직원의 90%가 남자인 방산회사 재직 중. 매주 내는 축의금은 부담스럽고, 여자친구조차 없는 현실에 마음이 조급하다. 하지만 올해는 왠지 잘 될 것 같은 느낌이다.

白夏 백하(28)

대학 졸업 후 줄곧 디자이너로 활동하며 오직 일에만 올인해 온 그녀는 이제 주변을 둘러볼 여유가 생겼다. 누군가 옆에 있어도 좋을 것 같다.

智慧 지혜(28)

민호의 여자 사람 친구. 사교성이 좋아 주변에 친구가 많다. 정작 본인은 싱글이다.

• 중국어의 인칭대사

	단수	복수
1인칭	我 wǒ 나	我们 wǒmen 우리
2인칭	你 nǐ 너 您 nín 당신 (존칭)	你们 nǐmen 너희들, 당신들
3인칭	他 tā 그 她 tā 그녀 (它 tā 그것 (사람 이외의 것))	他们 tāmen 그들 (남녀 모두 지칭) 她们 tāmen 그녀들 (它们 tāmen 그것들 (사람 이외의 것))

Chapter 1 ♡

솔로
単身

- **单身很孤独。** 솔로는 외로워요.
- **单身有梦想。** 솔로에겐 꿈이 있어요.
- **我没谈过恋爱。** 나는 모태솔로다.

单身很孤独。
솔로는 외로워요.

미리보기

女性朋友

你在干嘛?
nǐ zài gànmá?
너 뭐하고 있어?

我一个人吃饭呢。
wǒ yí ge rén chī fàn ne.
나 혼자 밥 먹는 중이야.

男性朋友

 # 연애도 어휘가 필요해

🔊 1-1

이 과에서 배울 주요 단어입니다. 미리 익혀두세요.
✓ mp3를 들은 만큼 체크하며 공부해요.

Chapter 1
솔로

설렘

밀당

고백

시작

키스

일상

냉전

결혼

현실

☐☐☐ 单身 dānshēn 솔로
　　　+ 光棍 guānggùn 솔로, 홀아비

☐☐☐ 很 hěn 매우(특별한 강조의 의미 없이 습관적으로 사용)

☐☐☐ 孤独 gūdú 외롭다

☐☐☐ 喂 wéi (전화상에서) 여보세요

☐☐☐ 在(~呢) zài(~ne) (동작의 진행을 나타냄)~하고 있다, ~하는 중이다
　　　+ 서술문 끝 呢의 사용만으로도 진행을 표현할 수 있음

☐☐☐ 干嘛 gànmá 뭐해? (=干吗 gànmá)

☐☐☐ 看 kàn 보다

☐☐☐ 电影 diànyǐng 영화

☐☐☐ 一个人 yí ge rén 한 사람
　　　+ 我一个人 wǒ yí ge rén 나 혼자

☐☐☐ 吗 ma 의문의 어기조사

☐☐☐ 是 shì 그렇다, ~이다 (↔ 不是 bú shì)

☐☐☐ 啊 a 문장 끝에 놓여 화자의 어감을 경쾌하고 자연스럽게 함

☐☐☐ 吃 chī 먹다

☐☐☐ 饭 fàn 밥, 식사

☐☐☐ 这 zhè 이, 이것 (↔ 那 nà 그, 저)

☐☐☐ 的 de ~의, ~한 것

☐☐☐ 一天 yì tiān 하루

☐☐☐ 悲剧 bēijù 비극

솔로는 외로워요. **15**

💬 연애도 대화가 필요해 🔊 1-2

喂，你在干嘛？
wéi, nǐ zài gànmá?
男性朋友

女性朋友
我看电影呢。
wǒ kàn diànyǐng ne.

你一个人看电影吗？
nǐ yí ge rén kàn diànyǐng ma?
男性朋友

女性朋友
是啊。你在干嘛？
shì a. nǐ zài gànmá?

我一个人吃饭呢。
wǒ yí ge rén chī fàn ne.
男性朋友

女性朋友
这是我们单身的一天。悲剧啊，悲剧！
zhè shì wǒmen dānshēn de yì tiān. bēijù a, bēijù!

남사친	여보세요, 너 뭐하고 있어?
여사친	나 영화 보고 있어.
남사친	너 혼자 영화 봐?
여사친	응. 넌 뭐하고 있어?
남사친	나 혼자 밥 먹는 중이야.
여사친	이게 우리 솔로들의 하루구나. 슬프도다!

단어
남사친 **男性朋友** nánxìngpéngyou
여사친 **女性朋友** nǚxìngpéngyou

 # 연애도 공부가 필요해

• 혼자서 하는 일

一个人看电影。
yí ge rén kàn diànyǐng.
혼자 영화를 봅니다.

一个人去美食店。
yí ge rén qù měishídiàn.
혼자 맛집에 갑니다.

一个人去旅行。
yí ge rén qù lǚxíng.
혼자 여행합니다.

一个人过圣诞节。
yí ge rén guò shèngdànjié.
혼자 크리스마스를 보냅니다.

去 qù 가다 / 美食店 měishídiàn 맛집 / 旅行 lǚxíng 여행하다
过 guò 지내다, 시간을 보내다 / 圣诞节 shèngdànjié 크리스마스

 연애도 감성이 필요해

🔊 1-4

솔로남의 일기

天天都是我一个人。
tiāntiān dōu shì wǒ yí ge rén.

一个人吃饭，一个人看电影。
yí ge rén chī fàn, yí ge rén kàn diànyǐng.

什么事情都是我一个人做。
shénme shìqing dōu shì wǒ yí ge rén zuò.

单身很孤独。
dānshēn hěn gūdú.

나는 매일 매일 혼자다.
혼자서 밥을 먹고, 혼자서 영화를 본다.
난 뭐든지 혼자 한다.
솔로는 외롭다.

🎵🎧 오늘의 선곡

今天想听这首歌。牛奶咖啡 <习惯了寂寞>
Jīntiān xiǎng tīng zhè shǒu gē, niúnǎi kāfēi <xíguàn le jìmò>

오늘은 이 노래를 듣고 싶다. 밀크커피 <외로움이 습관이 됐어>

단어

天天 tiāntiān 매일
都 dōu 다, 모두
什么 shénme 무슨, 어떤
事情 shìqing 일
做 zuò 하다
很 hěn 매우
孤独 gūdú 외롭다
今天 jīntiān 오늘
想 xiǎng ~하고 싶다
听 tīng 듣다
首 shǒu (양사)노래를 세는 단위
歌 gē 노래
牛奶 niúnǎi 우유
咖啡 kāfēi 커피
习惯 xíguàn 습관이 되다
了 le 완료의 어기조사
寂寞 jìmò 외롭다, 쓸쓸하다

연애도 복습이 필요해

보기를 참고해 다음 문제를 풀어보세요. (중복 가능)

보기	看电影	去旅行	我	吃饭	一个人
	去美食店	你	干嘛	过圣诞节	

- 다음 보기에서 '혼자'를 뜻하는 단어를 찾아 써보세요.

    1) 혼자 ➡ _____

- '혼자'를 활용해 다음 문장을 중작해보세요.

    2) 혼자 영화를 본다. ➡ _____

    3) 혼자 맛집에 간다. ➡ _____

    4) 혼자 여행한다. ➡ _____

    5) 혼자 크리스마스를 보낸다. ➡ _____

- 在~(呢)는 동작의 진행을 나타내는 표현입니다. 활용하여 작문해보세요.

    6) 너 뭐하고 있어? ➡ _____

    7) 난 영화 보는 중이야. ➡ _____

    8) 난 밥 먹는 중이야. ➡ _____

1) 一个人 2) 一个人看电影 3) 一个人去美食店 4) 一个人去旅行
5) 一个人过圣诞节 6) 你在干嘛(呢) 7) 我在看电影(呢) 8) 我在吃饭(呢)

单身有梦想。

솔로에겐 꿈이 있어요.

미리보기

女性朋友

这么简单?
zhème jiǎndān?
이렇게 간단해?

嗯, 跟她在一起就好。
èng, gēn tā zài yìqǐ jiù hǎo.
응, 그 애랑 함께 있기만 하면 좋아.

男性朋友

 연애도 어휘가 필요해

🔊 2-1

이 과에서 배울 주요 단어입니다. 미리 익혀두세요.
✓ mp3를 들은 만큼 체크하며 공부해요.

- ☐☐☐ 单身 dānshēn 솔로
- ☐☐☐ 有 yǒu 있다 (↔ 没有 méiyǒu 없다)
- ☐☐☐ 梦想 mèngxiǎng 꿈, 이상
- ☐☐☐ 如果 rúguǒ 만약에
- ☐☐☐ 女朋友 nǚpéngyou 여자친구
  + 男朋友 nánpéngyou 남자친구
- ☐☐☐ 想 xiǎng ~하고 싶다
- ☐☐☐ 跟 gēn ~와/과
- ☐☐☐ 做 zuò 하다
- ☐☐☐ 一起 yìqǐ 함께, 같이
  + 在一起 zài yìqǐ 같이 있다, 함께 있다
- ☐☐☐ 喝 hē 마시다
- ☐☐☐ 看书 kàn shū 독서하다, 책을 보다
- ☐☐☐ 这么 zhème 이렇게
- ☐☐☐ 简单 jiǎndān 간단하다
- ☐☐☐ 嗯 èng [구어] 그래, 응
- ☐☐☐ 就 jiù 곧, 바로, 딱
- ☐☐☐ 好 hǎo 좋다
- ☐☐☐ 没意思 méiyìsi 재미없다 (↔ 有意思 yǒuyìsi 재미있다)
- ☐☐☐ 幸福 xìngfú 행복하다, 행복
- ☐☐☐ 原来 yuánlái 원래, 본래
- ☐☐☐ 很 hěn 매우(특별한 강조의 의미 없이 습관적으로 사용)

Chapter 1
솔로

설렘
밀당
고백
시작
키스
일상
냉전
결혼
현실

솔로에겐 꿈이 있어요. 21

연애도 대화가 필요해

女性朋友

如果你有女朋友，你想跟她做什么？
rúguǒ nǐ yǒu nǚpéngyou, nǐ xiǎng gēn tā zuò shénme?

一起吃饭，一起喝咖啡，一起看书…
yìqǐ chī fàn, yìqǐ hē kāfēi, yìqǐ kàn shū…

男性朋友

女性朋友

这么简单？
zhème jiǎndān?

嗯，跟她在一起就好。
èng, gēn tā zài yìqǐ jiù hǎo.

男性朋友

女性朋友

没意思！
méiyìsi!

幸福原来很简单。
xìngfú yuánlái hěn jiǎndān.

男性朋友

여사친 만약에 여자친구가 있다면, 넌 그 애랑 뭘 하고 싶어?
남사친 같이 밥 먹고, 커피 마시고, 책 보고…
여사친 이렇게 간단해?
남사친 응, 그 애랑 함께 있기만 하면 좋아.
여사친 재미없다!
남사친 행복은 원래 심플한 거야.

 # 연애도 공부가 필요해 🔊 2-3

- 솔로의 꿈

互相喂饭,
hùxiāng wèifàn,
서로 밥을 먹여주고,

两个人互相看着对方。
liǎng ge rén hùxiāng kàn zhe duìfāng.
두 사람은 서로를 바라봐요.

一整天在一起,
yìzhěngtiān zài yìqǐ,
하루 종일 같이 있으면서,

享受两人世界。
xiǎngshòu liǎng rén shìjiè.
둘만의 세상을 누려요.

互相 hùxiāng 서로 / **喂** wèi (음식이나 약을) 먹이다 / **两个人** liǎng ge rén 두 사람(=**两人** liǎng rén)
着 zhe 하고 있다 / **对方** duìfāng 상대방, 상대편 / **一整天** yìzhěngtiān 온종일, 하루 종일
享受 xiǎngshòu 누리다 / **世界** shìjiè 세계, 세상

솔로에겐 꿈이 있어요.

연애도 감성이 필요해

🔊 2-4

솔로남의 일기

今天我朋友问我,
Jīntiān wǒ péngyou wèn wǒ,

"如果有女朋友，你想跟她做什么？"
"rúguǒ yǒu nǚpéngyou, nǐ xiǎng gēn tā zuò shénme?"

我的愿望很简单。
wǒ de yuànwàng hěn jiǎndān.

就是跟她在一起。
jiùshì gēn tā zài yìqǐ.

单身有梦想，单身也有梦想。
dānshēn yǒu mèngxiǎng, dānshēn yě yǒu mèngxiǎng.

오늘 친구가 내게 물었다.

"여자친구가 생기면 뭘 하고 싶어?"

내 소원은 간단하다.

그냥 그녀와 함께 있는 것.

솔로에겐 꿈이 있다. 솔로도 꿈이 있다.

단어
朋友 péngyou 친구
问 wèn 묻다, 질문하다
愿望 yuànwàng 바람, 소원
就是 jiùshì ~일 뿐이다
单身 dānshēn 솔로, 싱글
梦想 mèngxiǎng 꿈, 이상
也 yě ~도
要 yào ~할 것이다, ~하려 한다

🎵🎧 오늘의 선곡

今天要听这首歌。胡夏<梦想>
Jīntiān yào tīng zhè shǒu gē. hú xià <mèngxiǎng>

오늘은 이 노래를 들어야겠다. 후시아 〈꿈〉

연애도 복습이 필요해

- 다음 문장을 해석해보세요.

    1) 如果有女朋友, 你想跟她做什么?
    ➡ _____

- 알맞은 것끼리 연결하세요.

    2) 같이 책 보기   ⓐ 一起吃饭

    3) 같이 커피 마시기   ⓑ 一起喝咖啡

    4) 같이 밥 먹기   ⓒ 一起看书

    5) 같이 있기   ⓓ 在一起

- 다음 단어의 반대말을 써보세요.

    6) 有   ⇔ _____
    7) 有意思 ⇔ _____

1) 여자친구가 생기면 뭘 하고 싶어? 2)-ⓒ 3)-ⓑ 4)-ⓐ 5)-ⓓ 6)没有 7)没意思(没有意思)

솔로에겐 꿈이 있어요. 25

Chapter 1
솔로

我没谈过恋爱。

나는 모태솔로다.

미리보기

女性朋友

你单身多久了?
nǐ dānshēn duōjiǔ le?
너 솔로 된 지 얼마나 됐냐?

28年了。我没谈过恋爱。
èrshíbā nián le. wǒ méi tánguoliàn'ài.
28년 됐어. 난 연애해본 적이 없거든.

男性朋友

연애도 어휘가 필요해

 3-1

이 과에서 배울 주요 단어입니다. 미리 익혀두세요.
✓ mp3를 들은 만큼 체크하며 공부해요.

Chapter 1
솔로

설렘

밀당

고백

시작

키스

일상

냉전

결혼

현실

☐☐☐ 没 méi ~않다. ~하지 않았다
   + 没 + 동사 : 동사 하지 않았다 **没吃饭** méi chī fàn 밥을 먹지 않았다

☐☐☐ 过 guo ~한 적이 있다

☐☐☐ 谈恋爱 tánliàn'ài 연애하다, 사랑을 속삭이다

☐☐☐ 了 le 변화·완료의 어기조사

☐☐☐ 还 hái 아직

☐☐☐ 还是 háishi 아직도, 여전히

☐☐☐ 一 yī [수, 숫자] 하나, 일

☐☐☐ 个 ge [양사] 명(사람), 개(물건)

☐☐☐ 好朋友 hǎo péngyou 좋은 친구
   + 老朋友 lǎo péngyou 오랜 친구, 친한 친구

☐☐☐ 要 yào 원하다 (↔ 不要 bú yào 원하지 않다)
   + 要不要 yàobuyào 원해 안 원해? = 要吗?

☐☐☐ 给 gěi ~에게

☐☐☐ 介绍 jièshào 소개하다

☐☐☐ 那 nà 그, 저 (↔ 这 zhè 이, 이것)

☐☐☐ 当然 dāngrán 당연하다, 물론이다
   + 那当然 nàdāngrán [구어] 그야 당연하지!

☐☐☐ 谢谢 xièxie 감사합니다

☐☐☐ 多谢 duōxiè 대단히 감사합니다

☐☐☐ 多久 duōjiǔ (시간의 정도) 얼마나 오래, 얼마 동안

☐☐☐ 年 nián 년, 해

나는 모태솔로다. 27

연애도 대화가 필요해

女性朋友

你有女朋友了吗?
nǐ yǒu nǚpéngyou le ma?

还没有，我还是单身。
hái méiyǒu, wǒ háishi dānshēn.

男性朋友

女性朋友

我有一个好朋友, 要不要给你介绍?
wǒ yǒu yí ge hǎopéngyou, yàobuyào gěi nǐ jièshào?

那当然!! 谢谢，多谢!
nà dāngrán!! xièxie, duōxiè!

男性朋友

女性朋友

你单身多久了?
nǐ dānshēn duōjiǔ le?

28年了。我没谈过恋爱。
èrshíbā nián le. wǒ méi tánguoliàn'ài.

男性朋友

여사친　너 여자친구 생겼어?
남사친　아직 없어, 나 아직도 솔로야.
여사친　나한테 좋은 친구가 있는데 소개해줄까?
남사친　그야 당연하지!!! 고마워 정말 고마워!
여사친　너 솔로 된 지 얼마나 됐냐?
남사친　28년 됐어. 난 연애해본 적이 없거든.

 # 연애도 공부가 필요해 3-3

- 솔로 스토리

我是单身。
wǒ shì dānshēn.
나는 솔로다.

母胎单身20多年。
mǔtāi dānshēn èrshí duō nián.
모태솔로인지 20년이 넘었다.

我有很多女性朋友，可是没有女朋友。
wǒ yǒu hěn duō nǚxìngpéngyou,
kěshì méiyǒu nǚpéngyou.
나는 여자 사람 친구는 많지만, 여자친구는 없다.

我想有个女朋友。
wǒ xiǎng yǒu ge nǚpéngyou.
나도 여자친구가 있었으면 좋겠다.

母胎单身 mǔtāi dānshēn (인터넷 유행어) 모태솔로 / 多 duō (숫자 뒤에서) ~남짓, ~여
很多 hěn duō 수많은 / 可是 kěshì 그러나, 하지만

나는 모태솔로다.

 연애도 감성이 필요해

🔊 3-4

솔로남의 일기

今天我的女性朋友'智慧'问我，要不要给我介绍一个女朋友。
Jīntiān wǒ de nǚxìngpéngyou 'zhìhuì' wèn wǒ, yàobuyào gěi wǒ jièshào yí ge nǚpéngyou.

我当然要! 真的真的非常非常需要!
wǒ dāngrán yào! zhēnde zhēnde fēicháng fēicháng xūyào!

我会有女朋友吗？
wǒ huì yǒu nǚpéngyou ma?

我的'她'在哪里啊？
wǒ de 'tā' zài nǎlǐ a?

是的，我没谈过恋爱。
shì de, wǒ méi tánguoliàn'ài.

오늘 내 여자 사람 친구 '지혜'가 친구를 소개해줄까 물었다.

나는 당연히 원한다! 진짜 진짜 정말 정말 완전 필요하다!

나도 여자친구가 생길 수 있을까?

나의 '그녀'는 어디 있을까?

그렇다. 나는 연애해 본 적이 없다.

🎵🎧 오늘의 선곡

单身朋友们，我们一起听这首歌吧! 王童语 <单身>
Dānshēn péngyoumen, wǒmen yìqǐ tīng zhè shǒu gē ba! wáng tóng yǔ <dānshēn>

솔로들이여, 함께 이 곡을 듣자! 왕통위〈솔로〉

단어

当然 dāngrán 당연하다, 물론이다
真的 zhēnde 정말로
非常 fēicháng 대단히, 매우
需要 xūyào 필요하다, 요구되다
会 huì ~할 가능성이 있다
　　　 ~할 것이다
在 zài ~에 있다
哪里 nǎlǐ 어디, 어느 곳
是的 shì de 그렇다, 맞다
朋友们 péngyoumen 친구들
吧 ba 문장 끝 청유의 어기

연애도 복습이 필요해

어기조사 了 : 문장의 말미에 쓰여 변화를 나타냄.
Ex) 28年<u>了</u>。 / 28년 되었어.

*岁 suì [연령을 세는 단위] 살, 세
*钱 qián 돈

- 了가 활용된 문장입니다. 올바른 해석과 연결하세요.

1) 单身多久了?   •   • ⓐ 스물여덟살이 되었어요.

2) 我28岁了。   •   • ⓑ 걔 여자친구 생겼어요.

3) 我有钱了。   •   • ⓒ 나 돈 생겼어요.

4) 他有女朋友了。 •   • ⓓ 솔로 된 지 얼마나 되었나요?

- 퍼즐 속에서 다음 단어들을 찾아 표시해보세요.

- 모태솔로
- 남자친구
- 친구들
- 당연하다
- 원해?
- 뭐해?
- 소개하다
- 여사친

女	性	朋	友	是	的	干	嘛
老	吗	介	绍	朋	介	然	绍
朋	不	要	好	朋	友	们	不
友	是	的	真	的	男	朋	友
要	母	吧	要	不	要	真	的
不	要	胎	非	常	没	有	自
不	要	不	单	没	有	当	然
介	绍	常	单	身	狗	时	侯

1)ⓓ 2)ⓐ 3)ⓒ 4)ⓑ *퍼즐문제 224p 참조

나는 모태솔로다. **31**

Chapter 2 ♡

설렘

心动

- 单身的理想型　솔로의 이상형
- 扑通扑通相亲　두근두근 소개팅
- 我找到了梦中情人。꿈에 그리던 사람을 찾다.

单身的理想型

솔로의 이상형

미리보기

女性朋友

你的理想型是什么?
nǐ de lǐxiǎngxíng shì shénme?
너 이상형이 어떻게 돼?

只要善良就行~
zhǐyào shànliáng jiù xíng~
착하면 되지 뭐~

男性朋友

연애도 어휘가 필요해

4-1

이 과에서 배울 주요 단어입니다. 미리 익혀두세요.
☑ mp3를 들은 만큼 체크하며 공부해요.

- ☐☐☐ 理想型 lǐxiǎngxíng 이상형
- ☐☐☐ 只要~就 zhǐyào ~ jiù ~하기만 하면 ~하다
- ☐☐☐ 善良 shànliáng 착하다
- ☐☐☐ 行 xíng 좋다. 되다.
  + 이때의 行은 可以, 好로 대체 가능
- ☐☐☐ 那 nà (접속사) 그러면, 그렇다면 (=那么 nàme)
- ☐☐☐ 好 hǎo 좋다, 괜찮다, 된다
- ☐☐☐ 真的 zhēnde 정말로, 진짜로
- ☐☐☐ 长得 zhǎng de 생김새가, 생긴 게
- ☐☐☐ 漂亮 piàoliang 예쁘다
  + 帅 shuài 잘생기다, 멋지다
- ☐☐☐ 看来 kànlái 보아하니
- ☐☐☐ 还 hái 아직
- ☐☐☐ 不想 bù xiǎng 바라지 않다
- ☐☐☐ 摆脱 bǎituō 벗어나다, 빠져나오다
  + 摆脱单身 bǎituō dānshēn 솔로탈출
- ☐☐☐ 不 bù 아니다
- ☐☐☐ 开玩笑 kāi wánxiào 농담하다, 웃기다, 놀리다
- ☐☐☐ 吧 ba 청유와 권유의 어기 조사
- ☐☐☐ 求 qiú 부탁하다
  + 求求你 qiúqiu nǐ 제발, 부탁 좀 할게

연애도 대화가 필요해 4-2

女性朋友

你的理想型是什么?
nǐ de lǐxiǎngxíng shì shénme?

只要善良就行~
zhǐyào shànliáng jiù xíng~

男性朋友

女性朋友

那就好, 我朋友真的很善良。
nà jiù hǎo, wǒ péngyou zhēnde hěn shànliáng.

你朋友长得漂亮吗?
nǐ péngyou zhǎng de piàoliang ma?

男性朋友

女性朋友

看来, 你还不想摆脱单身。
kànlái, nǐ hái bù xiǎng bǎituō dānshēn.

不不不, 开玩笑的!! 介绍给我吧~ 求求你~。
bù bù bù, kāi wánxiào de!! Jièshào gěi wǒ ba~ qiúqiu nǐ~.

男性朋友

여사친	너 이상형이 어떻게 돼?
남사친	착하면 되지 뭐~
여사친	그럼 잘됐다. 내 친구 진짜 착하거든.
남사친	네 친구 예뻐?
여사친	보아하니, 너 솔로 탈출 안하고 싶구나!
남사친	아니 아니, 장난이야. 그 친구 소개해줘~ 제발~.

 # 연애도 공부가 필요해   4-3

- 솔로의 이상형은

肌肉男
jīròunán
근육남

暖男
nuǎnnán
훈남(가정적이고 따뜻한 남자)

三不女
sānbùnǚ
개념녀(No 쇼핑, No 추종, No 허세)

学霸女
xuébànǚ
뇌섹녀

肌肉 jīròu 근육 / **男** nán 남자 / **暖** nuǎn 따뜻하다, 온화하다 / **女** nǚ 여자 / **学霸** xuébà 공신

# 연애도 감성이 필요해

4-4

솔로남의 일기

明天我要去相亲，这是我人生中第一次。
míngtiān wǒ yào qù xiāngqīn, zhè shì wǒ rénshēng zhōng dì yícì.

我真的好紧张。
wǒ zhēnde hǎo jǐnzhāng.

该穿什么衣服，该点什么菜，我真的不知道。
gāi chuān shénme yīfu, gāi diǎn shénme cài, wǒ zhēnde bù zhīdào.

希望她喜欢我这样的人。
xīwàng tā xǐhuan wǒ zhèyàng de rén.

她的理想型是什么呢？
tā de lǐxiǎngxíng shì shénme ne?

내일 소개팅을 한다. 내 인생 최초의 소개팅.

나 정말 너무 떨린다.

무슨 옷을 입어야 할지, 어떤 음식을 주문해야 할지 정말 모르겠다.

그녀가 나 같은 사람을 좋아했으면 좋겠다.

그녀의 이상형은 뭘까?

🎵 오늘의 선곡

期待着明天，就要听这首歌。
张韶涵, 范玮琪 <如果的事>
qīdàizhe míngtiān, jiù yào tīng zhè shǒu gē.
Zhāng Sháo hán, Fàn Wěi qí <rúguǒ de shì>

내일을 기대하며, 이 노래 들어야지.
장샤오한, 판웨이치 〈만약의 일〉

단어

明天 míngtiān 내일
去 qù 가다
相亲 xiāngqīn 맞선을 보다
人生 rénshēng 인생
中 zhōng ~중에, ~의 과정에
第一次 dì yícì 맨 처음
好 hǎo 매우, 엄청
紧张 jǐnzhāng 긴장되다, 불안하다
该 gāi ~해야 한다
穿 chuān 입다
衣服 yīfu 옷
点 diǎn 주문하다
菜 cài 요리
不知道 bù zhīdào 모른다
希望 xīwàng 희망하다
喜欢 xǐhuan 좋아하다
这样 zhèyàng 이러한
期待 qīdài 기대하다, 기다리다

 ## 연애도 복습이 필요해

- 只要A 就B는 'A하기만 하면 B하다'입니다. 다음 문장을 해석해보세요.

    1) 只要善良就行。　　➡ _____

    2) 只要有钱就行。　　➡ _____

    3) 只要有你就好。　　➡ _____

    4) 只要你幸福, 我就幸福。 ➡ _____

- 보기를 보고 그림에 알맞은 단어를 써 넣으세요.

    | 보기 | 肌肉男 | 暖男 | 三不女 | 学霸女 |

5)
_____

6)
_____

7)
_____

8)
_____

1)착하기만 하면 된다 2) 돈만 있으면 된다 3) 너만 있으면 좋다
4)당신이 행복하기만 하면 나도 행복하다 5)暖男 6)学霸女 7)三不女 8)肌肉男

Chapter 2
설렘

扑通扑通相亲
두근두근 소개팅

미리보기

相亲女

对不起，我来晚了。
Duìbuqǐ, wǒ lái wǎn le.
늦어서 죄송해요.

没事儿，我也刚到。
méishìr, wǒ yě gāng dào.
아닙니다. 저도 방금 도착했어요.

相亲男

연애도 어휘가 필요해

🔊 5-1

이 과에서 배울 주요 단어입니다. 미리 익혀두세요.
✓ mp3를 들은 만큼 체크하며 공부해요.

- ☐☐☐ 扑通 pūtōng [의성어] 두근
- ☐☐☐ 相亲 xiāngqīn 맞선을 보다, 소개팅하다
- ☐☐☐ 你好 nǐ hǎo 안녕하세요
- ☐☐☐ 对不起 duìbuqǐ 미안합니다, 죄송합니다
- ☐☐☐ 来 lái 오다
- ☐☐☐ 晚 wǎn 늦다
  + 早 zǎo 이르다
- ☐☐☐ 没事儿 méishìr 괜찮다, 상관없다 (=没关系 méiguānxi)
- ☐☐☐ 也 yě ~도, ~역시
- ☐☐☐ 刚 gāng 방금, 막
- ☐☐☐ 到 dào 도달하다, 도착하다
- ☐☐☐ 晚饭 wǎnfàn 저녁밥
- ☐☐☐ 预订 yùdìng 예약하다
- ☐☐☐ 家 jiā [양사] 집·점포를 세는 단위
- ☐☐☐ 西餐厅 xīcāntīng 레스토랑
- ☐☐☐ 意大利面 Yìdàlìmiàn 파스타
  + 意大利 Yìdàlì 이탈리아
- ☐☐☐ 怎么样 zěnmeyàng 어떻다, 어떠하다
- ☐☐☐ 请客 qǐng kè 한턱 내다

두근두근 소개팅 41

연애도 대화가 필요해　　5-2

你好。我是李民浩。
nǐ hǎo. wǒ shì Lǐ mín hào.

 相亲男

 相亲女

你好。我是白夏。对不起, 我来晚了。
nǐ hǎo. wǒ shì Bái xià. Duìbuqǐ, wǒ lái wǎn le.

没事儿, 我也刚到。你吃晚饭了吗?
méishìr, wǒ yě gāng dào. nǐ chī wǎnfàn le ma?

 相亲男

 相亲女

还没吃, 我们去吃饭吧。
hái méi chī, wǒmen qù chī fàn ba.

我预订了一家西餐厅, 吃意大利面怎么样?
wǒ yùdìng le yì jiā xīcāntīng, chī Yìdàlìmiàn zěnmeyàng?

 相亲男

 相亲女

好啊! 我来晚了, 我请客!
hǎo a! wǒ lái wǎn le, wǒ qǐng kè!

소개팅남	안녕하세요. 저는 이민호입니다.
소개팅녀	안녕하세요. 저는 백하예요. 늦어서 죄송해요.
소개팅남	아닙니다. 저도 방금 도착했어요. 저녁 드셨어요?
소개팅녀	아직이요. 우리 식사하러 가요.
소개팅남	제가 레스토랑 예약해뒀는데, 파스타 어떠세요?
소개팅녀	좋아요! 제가 늦었으니까, 제가 쏠게요!

 # 연애도 공부가 필요해 5-3

- 소개팅 노하우

第一印象很重要。
dìyī yìnxiàng hěn zhòngyào.
첫인상이 중요하다.

不要忘记'人靠衣装'。
bú yào wàngjì 'rén kào yīzhuāng'.
잊지 마라! '옷이 날개다'.

不要谈沉重的话题。
bú yào tán chénzhòng de huàtí.
무거운 주제의 이야기는 삼가라.

赶快找到两人的共同点。
gǎnkuài zhǎodào liǎngrén de gòngtóngdiǎn.
빨리 상대방과 나의 공통점을 찾아내라.

第一 印象 dìyī yìnxiàng 첫인상 / 重要 zhòngyào 중요하다 / 不要 bú yào ~하지 마라 / 忘记 wàngjì 잊다
靠 kào ~에 달려있다 / 衣装 yīzhuāng 옷 / 谈 tán 말하다 / 沉重 chénzhòng 무겁다, 심각하다
话题 huàtí 이야기의 주제 / 赶快 gǎnkuài 재빨리 / 找到 zhǎodào 찾아내다 / 共同点 gòngtóngdiǎn 공통점

연애도 감성이 필요해

🔊 5-4

솔로남의 일기

在咖啡厅第一次见到了她。
zài kāfēitīng dì yīcì jiàndào le tā.

她长得很可爱，是我的理想型。
tā zhǎng de hěn kě'ài, shì wǒ de lǐxiǎngxíng.

还有她非常有礼貌。
háiyǒu tā fēicháng yǒu lǐmào.

她就是我的梦中情人。
tā jiùshì wǒ de mèngzhōngqíngrén.

让我的心扑通扑通跳呢。
ràng wǒ de xīn pūtōngpūtōng tiào ne.

카페에서 그녀를 처음 만났다.
귀엽게 생긴 그녀는 내 이상형이었다.
또 그녀는 예의가 참 발랐다.
그녀는 내가 꿈에 그리던 여자다.
심장이 두근두근.

🎧 오늘의 선곡

今天要听这首歌! S.H.E <爱上你>
Jīntiān yào tīng zhè shǒu gē! S.H.E <àishang nǐ>
오늘은 이 노래다! S.H.E <널 사랑하게 됐어>

단어

在 zài ～에서
咖啡厅 kāfēitīng 카페
见到 jiàndào 보다, 만나다
可爱 kě'ài 귀엽다
还有 háiyǒu 그리고, 또한
礼貌 lǐmào 예의
梦中情人 mèngzhōngqíngrén 꿈속의 연인, 이상형
让 ràng ～로 하여금 ～하게 하다
心 xīn 마음
跳 tiào 뛰다
爱上 àishang 사랑하게 되다

 ## 연애도 복습이 필요해

• 보기를 보고 아래 문장들을 완성하세요.

> **보기** 怎么样   请客   来晚了   对不起   第一印象
> 　　　　人靠衣装   扑通扑通   礼貌   梦中情人   可爱

1) 죄송합니다. ➡
2) 제가 늦었어요. ➡ 我
3) 파스타 어때요. ➡ 意大利面
4) 제가 쏠게요. ➡ 我
5) 첫인상 ➡
6) 옷이 날개다. ➡
7) 귀엽게 생겼다. ➡ 长得很
8) 예의가 바르다. ➡ 有
9) 꿈속의 연인 ➡
10) 심장이 두근두근 뛴다. ➡ 心　　　　跳

1) 对不起 2) 来晚了 3) 怎么样 4) 请客 5) 第一印象
6) 人靠衣装 7) 可爱 8) 礼貌 9) 梦中情人 10) 扑通扑通

Chapter 2
설렘

我找到了梦中情人。

꿈에 그리던 사람을 찾다.

미리보기

女性朋友

哇~ 有感觉了?
wā~yǒu gǎnjué le?
와~ 느낌이 왔어?

就是我要找的人。
jiùshì wǒ yào zhǎo de rén
딱 내가 찾던 사람이야.

男性朋友

연애도 어휘가 필요해

🔊 6-1

이 과에서 배울 주요 단어입니다. 미리 익혀두세요.
☑ mp3를 들은 만큼 체크하며 공부해요.

□□□ 找 zhǎo 찾다
　　　+ 找到 zhǎodào 찾아내다

□□□ 梦中情人 mèngzhōngqíngrén 꿈속의 연인, 이상형

□□□ 见到 jiàndào 보다, 만나다

□□□ 感觉 gǎnjué 느낌
　　　+ 有感觉了 yǒu gǎnjué le 느낌이 오다

□□□ 一切 yíqiè 일체, 모든

□□□ 都 dōu 다, 전부

□□□ 怎么 zěnme 어떻게, 어째서

□□□ 这么 zhème 이렇게
　　　+ 怎么这么 zěnme zhème 어쩜 이렇게

□□□ 简单 jiǎndān 간단하다, 심플하다

□□□ 聊得来 liáodelai 말이 잘 통하다
　　　+ 聊不来 liáobulai 말이 잘 통하지 않다

□□□ 爱好 àihào 취미

□□□ 观点 guāndiǎn 관점, 견해

□□□ 差不多 chàbuduō 비슷하다, 큰 차이가 없다

□□□ 哇 wā [감탄사] 와~

꿈에 그리던 사람을 찾다. 47

연애도 대화가 필요해

女性朋友

见到了她，你感觉怎么样?
Jiàndào le tā, nǐ gǎnjué zěnmeyàng?

一切都很好!
yíqiè dōu hěn hǎo!

男性朋友

女性朋友

怎么这么简单?
zěnme zhème jiǎndān?

我们聊得来，爱好，观点也差不多。
wǒmen liáodelai, àihào, guāndiǎn yě chàbuduō.

男性朋友

女性朋友

哇~ 有感觉了?
wā~ yǒu gǎnjué le?

她就是我要找的人，谢谢你，多谢，多谢。
tā jiùshì wǒ yào zhǎo de rén, xièxie nǐ, duōxiè, duōxiè.

男性朋友

여사친 만나보니까 어때?

남사친 모든 게 다 좋았어!

여사친 뭐가 그렇게 심플해?

남사친 대화가 잘 통했어. 취미도 비슷하고 생각도 비슷하더라고.

여사친 와~ 느낌이 왔어?

남사친 딱 내가 찾던 사람이야. 고마워. 너무너무 고마워.

 # 연애도 공부가 필요해 6-3

• 내가 찾던 그 사람

合得来的人
hédelai de rén
마음이 잘 맞는 사람

有幽默感的人
yǒu yōumògǎn de rén
유머감각이 있는 사람

有共同爱好的人
yǒu gòngtóng àihào de rén
같은 취미를 가진 사람

笑容甜美的人
xiàoróng tiánměi de rén
웃는 얼굴이 예쁜 사람

合得来 hédelai 마음이 맞다 / **幽默感** yōumògǎn 유머감각 / **共同** gòngtóng 공통의
笑容 xiàoróng 웃는 얼굴 / **甜美** tiánměi 아름답다

꿈에 그리던 사람을 찾다. 49

 연애도 감성이 필요해

🔊 6-4

솔로남의 일기

你好烦，我的一天全都是你。
nǐ hǎo fán, wǒ de yì tiān quán dōu shì nǐ.

睡觉前想三件事。
shuìjiào qián xiǎng sān jiàn shì.

想你，想你，想你。
xiǎng nǐ, xiǎng nǐ, xiǎng nǐ.

每天起床第一件事就是想你。
měitiān qǐchuáng dì yī jiàn shì jiùshì xiǎng nǐ.

我找到了梦中情人。
wǒ zhǎodào le mèngzhōngqíngrén.

너 정말 귀찮아. 내 하루가 온통 너야.

잠들기 전 3가지 일을 생각해.

널 생각해. 널 생각해. 널 생각해.

매일 일어나면 맨 첫 번째로 널 생각해.

난 꿈에 그리던 사람을 찾았어.

🎵🎧 오늘의 선곡

今天要唱一首。朱主爱<好想你>
jīntiān yào chàng yì shǒu. zhū zhǔ ài <hǎo xiǎng nǐ>

오늘은 한 곡 불러야겠어. 주주아이 〈너무 보고 싶어〉

단어

烦 fán 귀찮다, 성가시다
一天 yì tiān 하루
全 quán 전부, 모두
睡觉 shuìjiào 잠을 자다
前 qián (시간의) 앞, 전
想 xiǎng 생각하다, 그리워하다
三 sān 삼, 3
件 jiàn [양사] 건, 개(일·사건을 세는 단위)
事 shì 일, 사건
每天 měitiān 매일
起床 qǐchuáng 기상하다
第 dì (수사 앞에서) 제
唱 chàng 노래하다

연애도 복습이 필요해

- 보기를 참고하여 작문을 완성하세요.

보기	怎么这么	왜 이렇게, 어쩜 이렇게
	怎么那么	왜 그렇게, 어쩜 그렇게

1) 너는 어쩜 이렇게 귀여워? ➡
2) 그녀는 어쩜 그렇게 예뻐요? ➡
3) 그는 어쩜 그렇게 멋져요? ➡
4) 우리는 어쩜 이렇게 대화가 잘 통해? ➡

- 알맞은 것끼리 연결하고, 빈칸을 채워보세요.

5) 유머감각이 있는 사람

6) 취미가 비슷한 사람

7) 웃는 얼굴이 예쁜 사람

8) 마음이 잘 맞는 사람

ⓐ 有共同____的人   ⓑ ____幽默感的人   ⓒ ____甜美的人   ⓓ _____的人

1) 你怎么这么可爱 2) 她怎么那么漂亮 3) 他怎么那么帅 4) 我们怎么这么聊得来
5) - ⓑ 有 6) - ⓐ 爱好 7) - ⓒ 笑容 8) - ⓓ 合得来

꿈에 그리던 사람을 찾다.

Chapter 3 ♡
밀당
推拉

- 我可以联系你吗？ 연락해도 될까요?
- 我们一起去看电影吧。 우리 같이 영화 보러 가요.
- 欲擒故纵高手 밀당고수

Chapter 3
밀당

我可以联系你吗?

연락해도 될까요?

미리보기

民浩

以后我可以联系你吗?
yǐhòu wǒ kěyǐ liánxì nǐ ma?
계속 연락해도 될까요?

可以, 晚安。
kěyǐ, wǎn'ān.
좋아요, 잘 자요.

白夏

 연애도 어휘가 필요해 🔊 7-1

이 과에서 배울 주요 단어입니다. 미리 익혀두세요.
✓ mp3를 들은 만큼 체크하며 공부해요.

☐☐☐ 可以 kěyǐ ~해도 된다, ~해도 좋다
　　　+ 可以~吗 kěyǐ ~ma ~해도 될까요?(허락, 동의를 구하는 표현)

☐☐☐ 联系 liánxì 연락하다

☐☐☐ 到家 dào jiā 집에 도착하다
　　　+ 回家 huí jiā 귀가하다

☐☐☐ 开心 kāixīn 기쁘다, 즐겁다

☐☐☐ 和 hé ~와, ~과(=跟 gēn)

☐☐☐ 聊天 liáotiān 이야기를 나누다, 잡담하다

☐☐☐ 愉快 yúkuài 유쾌하다

☐☐☐ 时间 shíjiān 시간

☐☐☐ 过去 guòqu 지나가다

☐☐☐ 哈哈 hāha [의성어] 하하

☐☐☐ 太~了 tài ~le 너무 ~하다
　　　+ 太好了 tài hǎo le 너무 좋다, 너무 잘 됐다

☐☐☐ 以后 yǐhòu 이후
　　　+ 以前 yǐqián 이전

☐☐☐ 晚安 wǎn'ān 잘 자요, 안녕히 주무세요

연애도 대화가 필요해 🔊 7-2

你到家了吗?
nǐ dào jiā le ma?

民浩

 白夏

我刚到家, 今天真的很开心。
wǒ gāng dào jiā, jīntiān zhēnde hěn kāixīn.

我也很开心, 和你聊天真的很愉快。
wǒ yě hěn kāixīn, hé nǐ liáotiān zhēnde hěn yúkuài.

民浩

 白夏

我都不知道时间怎么过去的。
wǒ dōu bù zhīdào shíjiān zěnme guòqu de.

哈哈。太好了。以后我可以联系你吗?
hāha. tài hǎo le. yǐhòu wǒ kěyǐ liánxì nǐ ma?

民浩

 白夏

可以, 晚安。
kěyǐ, wǎn'ān.

민호　집에 도착하셨어요?
백하　네 도착했어요. 오늘 정말 즐거웠어요.
민호　저도 즐거웠습니다. 당신과 대화하는 게 정말 즐겁네요.
백하　저는 시간 가는 줄 몰랐어요.
민호　하하, 정말 다행이네요. 계속 연락해도 될까요?
백하　좋아요. 잘 자요.

 # 연애도 공부가 필요해   7-3

- 소개팅 후 문자로 매력발산

你安全到家了吗? 下次我送你回家。
nǐ ānquán dào jiā le ma? xià cì wǒ sòng nǐ huí jiā.
잘 들어갔어요? 다음엔 데려다 줄게요.

今天有点无聊吧? 我嘴笨。
jīntiān yǒudiǎn wúliáo ba? wǒ zuǐ bèn.
오늘 따분했죠? 제가 말을 잘 못해서.

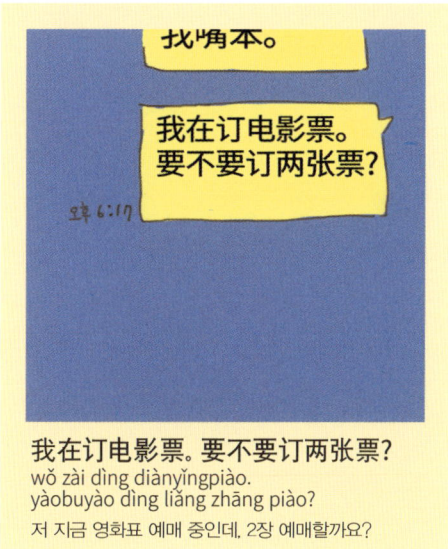

我在订电影票。要不要订两张票?
wǒ zài dìng diànyǐngpiào.
yàobuyào dìng liǎng zhāng piào?
저 지금 영화표 예매 중인데, 2장 예매할까요?

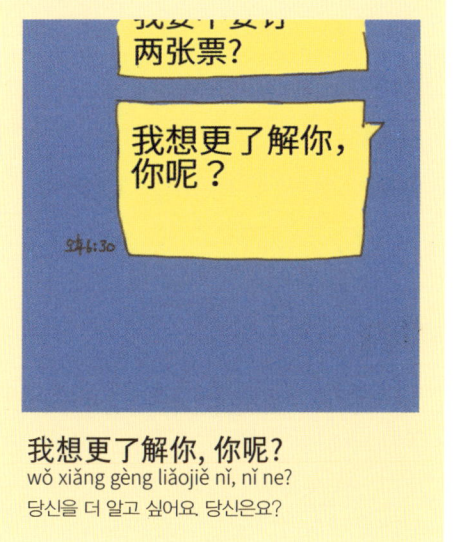

我想更了解你, 你呢?
wǒ xiǎng gèng liǎojiě nǐ, nǐ ne?
당신을 더 알고 싶어요. 당신은요?

下次 xià cì 다음 번 / **送** sòng 데려다 주다 / **有点** yǒudiǎn 조금, 약간 / **无聊** wúliáo 지루하다, 따분하다
嘴笨 zuǐ bèn 말주변이 없다 / **订** dìng 예약하다 / **电影票** diànyǐngpiào 영화표 / **张** zhāng [양사] 장
更 gèng 더욱, 더 / **了解** liǎojiě 자세하게 알다, 이해하다

연애도 감성이 필요해

7-4

연애초보의 일기

回家以后我给她打电话。
huí jiā yǐhòu wǒ gěi tā dǎ diànhuà.

她说,"很开心"。
tā shuō, "hěn kāixīn".

太高兴了,好像做梦一样。
tài gāoxìng le, hǎoxiàng zuò mèng yíyàng.

漂亮的姑娘,我真的可以联系你吗?
piàoliang de gūniang, wǒ zhēnde kěyǐ liánxì nǐ ma?

집에 돌아와 그녀에게 전화를 걸었다.

그녀가 즐거웠다고 말했다.

너무 좋다. 꿈꾸는 것 같다.

예쁜 님, 진짜로 연락해도 되는 거예요?

🎵 오늘의 선곡

突然想听一首老歌。任贤齐<不再让你孤单>
tūrán xiǎng tīng yì shǒu lǎogē. rén xián qí <bú zài ràng nǐ gūdān>

갑자기 옛날 노래 한 곡이 듣고 싶네.
런시엔치〈다신 널 외롭게 하지 않을게〉

단어

打电话 dǎ diànhuà 전화를 걸다
说 shuō 말하다
好像~(一样) hǎoxiàng (yíyàng) 마치 ~와 같다
做梦 zuòmèng 꿈을 꾸다
姑娘 gūniang 아가씨
突然 tūrán 갑자기, 문득
老歌 lǎogē 흘러간 노래, 옛날 노래
不再 bú zài 다시는 ~하지 않다
让 ràng ~하게 하다
孤单 gūdān 외롭다, 쓸쓸하다

 ## 연애도 복습이 필요해

- 지금까지 공부했던 양사를 모았습니다. 빈칸에 알맞은 양사를 쓰세요.

首 shǒu	~곡 (노래를 세는 단위)
个 ge	~명, ~개 (사람, 물건을 세는 단위)
家 jiā	~집 (점포, 집, 기업 등을 세는 단위)
件 jiàn	~건, ~벌 (일, 사건 또는 옷을 세는 단위)
张 zhāng	~장 (종이, 가죽을 세는 단위)

1) 两( )事   일 두 건

2) 三( )照片   사진 세 장

3) 那( )西餐厅 그 레스토랑

4) 一( )歌   노래 한 곡

5) 一( )好朋友 좋은 친구 한 명

- 보기를 참고하여 한국어 해석을 써보세요.

> **보기** 好像 ~ 一样 : 마치 ~인 것 같다, 마치 ~와 같다
> Ex) 好像做梦一样 : 꿈꾸는 것 같다

* 喝醉 hē zuì 술에 취하다

6) 好像喝醉了一样。 ➡

7) 好像爱我一样对我好。 ➡

1)件 2)张 3)家 4)首 5)个 6)마치 취한 것 같아요.
7)마치 절 사랑하는 것처럼 제게 잘해줘요.

Chapter 3
밀당

我们一起去看电影吧。

우리 같이 영화 보러 가요.

미리보기

民浩

一起去看吧!
yìqǐ qù kàn ba!
같이 보러 가요!

好的, 今天我一定要准时下班!
hǎo de, jīntiān wǒ yídìng yào zhǔnshí xiàbān!
좋아요, 오늘은 꼭 칼퇴!

白夏

연애도 어휘가 필요해

🔊 8-1

이 과에서 배울 주요 단어입니다. 미리 익혀두세요.
✓ mp3를 들은 만큼 체크하며 공부해요.

☐☐☐ 电影 diànyǐng 영화

☐☐☐ 吧 ba 청유와 권유의 어기 조사

☐☐☐ 早安 zǎo'ān (아침 인사) 굿모닝 (=早 zǎo, 早上好 zǎoshang hǎo)

☐☐☐ 睡 shuì (잠)자다

☐☐☐ 得 de (정도보어) ~한 정도가, ~한 게

☐☐☐ 香 xiāng (잠이)달다, 달콤하다

☐☐☐ 对了 duì le 맞다! 아 참!

☐☐☐ 这次 zhè cì 이번, 금번
　　　+ 上次 shàng cì 지난 번, 下次 xià cì 다음 번

☐☐☐ 新 xīn 새롭다, 새로이

☐☐☐ 上映 shàngyìng 상영하다

☐☐☐ 还 hái 아직

☐☐☐ 晚上 wǎnshang 저녁
　　　+ 今晚 jīnwǎn 오늘 밤

☐☐☐ 好的 hǎo de 좋아요(상대방의 말에 동의·수락)

☐☐☐ 一定 yídìng 반드시, 꼭
　　　+ 一定要 yídìng yào 반드시 ~하겠다, 기어이, 기필코

☐☐☐ 准时 zhǔnshí 정시에, 제때에

☐☐☐ 下班 xiàbān 퇴근하다
　　　+ 准时下班 zhǔnshí xiàbān 칼퇴

Chapter 3 밀당

솔로 | 설렘 | 고백 | 시작 | 키스 | 일상 | 냉전 | 결혼 | 현실

우리 같이 영화 보러 가요. 61

연애도 대화가 필요해 🔊 8-2

早安~ 睡得好吗？
zǎo'ān~ shuì de hǎo ma?

民浩

白夏

早。我睡得很香。
zǎo. wǒ shuì de hěn xiāng.

对了，这次新上映的电影，你看过吗？
duì le, zhè cì xīn shàngyìng de diànyǐng, nǐ kàn guo ma?

民浩

白夏

还没看过。
hái méi kàn guo.

那，今天晚上一起去看吧！
nà, jīntiān wǎnshàng yìqǐ qù kàn ba!

民浩

白夏

好的，今天我一定要准时下班！
hǎo de, jīntiān wǒ yídìng yào zhǔnshí xiàbān!

민호	굿모닝~ 잘 잤어요?
백하	좋은 아침~ 진짜 꿀잠 잤어요.
민호	아 참, 이번에 영화 새로 나왔던데 보셨어요?
백하	아직 못 봤어요.
민호	그러면, 우리 오늘 저녁에 같이 보러 가요!
백하	좋아요, 오늘은 꼭 칼퇴해야겠다!

 # 연애도 공부가 필요해

8-3

- 데이트 하고 싶을 때

这周末你有空吗?
zhè zhōumò nǐ yǒu kòng ma?
이번 주말에 시간 돼요?

听说周末天气很好。
tīngshuō zhōumò tiānqì hěn hǎo.
주말에 날씨가 엄청 좋대요.

我想和你一起去郊游。
wǒ xiǎng hé nǐ yìqǐ qù jiāoyóu.
당신과 함께 소풍가고 싶어요.

你想去哪儿, 我就想去哪儿。
nǐ xiǎng qù nǎr, wǒ jiù xiǎng qù nǎr.
당신이 가고 싶은 곳이면, 어디든 좋아요.

周末 zhōumò 주말 / **空** kòng 틈. 짬. 시간 / **听说** tīngshuō 듣자하니. 들은 바로는
天气 tiānqì 날씨 / **郊游** jiāoyóu 소풍. 나들이 / **哪儿** nǎr 어디

# 연애도 감성이 필요해

8-4

단어

答应 dāying 허락하다, 승낙하다
知道 zhīdào 알다
还是 háishi 또는, 아니면
反正 fǎnzhèng 아무튼, 어쨌든
最近 zuìjìn 최근
甜 tián 달콤하다
所以 suǒyǐ 그래서
有点 yǒudiǎn 약간, 조금

연애초보의 일기

我问她要不要一起去看电影。
wǒ wèn tā yàobuyào yìqǐ qù kàn diànyǐng.

她答应了!
Tā dāyìng le!

我想知道的是,
wǒ xiǎng zhīdào de shì,

他想看的是电影还是我?
tā xiǎng kàn de shì diànyǐng háishi wǒ?

反正, 我们一起去看电影啦~。
Fǎnzhèng, wǒmen yìqǐ qù kàn diànyǐng la~.

그녀에게 같이 영화 보러 가자고 물었다.

그녀가 승낙했다!

난 이 점이 궁금하다.

그녀가 보고 싶다는 게 영화일까 나일까?

어쨌든, 우리 같이 영화 보러 간당~.

🎵 오늘의 선곡

最近过得很甜, 所以今晚想听。
by2/汪苏泷<有点甜>
zuìjìn guò de hěn tián, suǒyǐ jīnwǎn xiǎng tīng,
by2/wāng sū lóng <yǒudiǎn tián>

요즘 하루하루가 달콤해서 그런지 오늘 밤은 이 노래가 듣고 싶네.
by2/왕수롱 〈달콤해〉

연애도 복습이 필요해

• 정도보어 得에 대한 설명을 보고, 다음 문장을 해석해보세요.

> **정도보어 得** : ~한 정도가 어떻다.
> 서술어(동사, 형용사) 뒤에 得를 붙여 동작 또는 상태의 정도를 나타냄.

1) 睡得好吗 ➡ ....
2) 睡得很香 ➡ ....
3) 说得很好 ➡ ....
4) 过得怎么样 ➡ ....
5) 忙得要命 ➡ ....

* 要命 yàomìng
  죽을 지경이다

• 보기를 참고하여 어울리는 해석과 연결하세요.

> **보기** 你想去哪儿, 我就想去哪儿。 당신이 가고 싶은 곳이면, 어디든 좋아요.

6) 要多少给多少。 • • ⓐ 원하는 만큼 줄게.

7) 你去哪儿, 我就去哪儿。 • • ⓑ 주는 대로 입겠다.

8) 你给什么, 我就穿什么。 • • ⓒ 언제나 당신과 함께해요.

9) 你想做什么, 我就做什么。 • • ⓓ 네가 하고 싶은 것은 다 좋아.

1)잘 잤어요? 2)꿀잠 잤어요 3)말을 잘 해요 4)잘 지내요? 5)바빠 죽겠어요
6)-ⓐ 7)-ⓒ 8)-ⓑ 9)-ⓓ

欲擒故纵高手

밀당고수

미리보기

白夏

不好意思，我今天有事要做。
bùhǎoyìsi, wǒ jīntiān yǒu shì yào zuò.
미안한데, 오늘 해야 할 일이 있어요.

知道了。改天见。
zhīdào le. gǎitiān jiàn.
알겠어요. 다음에 봐요.

民浩

 연애도 어휘가 필요해 9-1

이 과에서 배울 주요 단어입니다. 미리 익혀두세요.
☑ mp3를 들은 만큼 체크하며 공부해요.

- ☐☐☐ 欲擒故纵 yùqíngùzòng 더 큰 것을 잡기 위해 일부러 놓아주다(밀당하다)
- ☐☐☐ 高手 gāoshǒu 고수, 달인
- ☐☐☐ 不知道 bù zhīdào 모른다, 알지 못하다. (↔知道 zhīdào 알다)
- ☐☐☐ 为什么 wèishénme 왜, 어째서
- ☐☐☐ 特别 tèbié 특히, 유달리
- ☐☐☐ 猪蹄 zhūtí 족발
- ☐☐☐ 是吗 shì ma [구어] 그래요? 그렇습니까?
- ☐☐☐ 怎么了 zěnme le 무슨 일이에요? 어떻게 된 거예요?
- ☐☐☐ 所以 suǒyǐ 그래서, 그러므로
- ☐☐☐ 陪 péi 모시다, 동반하다
- ☐☐☐ 不好意思 bùhǎoyìsi 미안합니다
- ☐☐☐ 有事 yǒu shì 일이 있다, 용무가 있다
- ☐☐☐ 做 zuò 하다, ~하다
- ☐☐☐ 见 jiàn 만나다
- ☐☐☐ 改天 gǎitiān 다른 날, 나중

Chapter 3 밀당

솔로 / 설렘 / 고백 / 시작 / 키스 / 일상 / 냉전 / 결혼 / 현실

밀당고수 67

연애도 대화가 필요해

白夏

不知道为什么, 特别想吃猪蹄。
bù zhīdào wèishénme, tèbié xiǎng chī zhūtí.

是吗? 你下班了吗?
shì ma? nǐ xiàbān le ma?

民浩

白夏

嗯, 怎么了?
èng, zěnme le?

你说想吃猪蹄, 所以我想陪你一起吃。
nǐ shuō xiǎng chī zhūtí, suǒyǐ wǒ xiǎng péi nǐ yìqǐ chī.

民浩

白夏

不好意思, 我今天有事要做。下次见吧。
bùhǎoyìsi, wǒ jīntiān yǒu shì yào zuò. xià cì jiàn ba.

知道了。改天见。
zhīdào le. gǎitiān jiàn.

男

백하	왜인지는 모르겠는데, 족발이 너무 먹고 싶어요.
민호	그래요? 퇴근했어요?
백하	응, 왜요?
민호	족발 먹고 싶다 하셔서 같이 먹어주려고요.
백하	미안한데, 오늘 해야 할 일이 있어요. 다음에 만나요.
민호	알겠어요. 다음에 봐요.

 # 연애도 공부가 필요해   9-3

• 사랑일까, 썸일까?

搞暧昧/ 玩暧昧
gǎo àimèi / wán àimèi
썸타다

欲擒故纵 / 推拉
yùqíngùzòng / tuīlā
밀당

脚踩几只船
jiǎo cǎi jǐ zhī chuán
어장관리

花心
huāxīn
갈대 같은 마음, 변덕스러운 마음

搞 gǎo 하다 / 暧昧 àimèi 애매하다, 썸 / 玩 wán 놀다, 장난하다
欲擒故纵 yùqíngùzòng 더 큰 것을 잡기 위해 일부러 놓아주다 / 推拉 tuīlā 밀고 당기다
脚 jiǎo 발 / 踩 cǎi 밟다 / 几 jǐ 몇 / 只 zhī [양사] 척(배를 세는 단위) / 船 chuán 배

밀당고수 **69**

 연애도 감성이 필요해

9-4

연애초보의 일기

昨天我们还好好的。
zuótiān wǒmen hái hǎohao de.

今天你又怎么了？
jīntiān nǐ yòu zěnme le?

我做错了什么？
wǒ zuò cuò le shénme?

我有点心烦。
wǒ yǒudiǎn xīnfán.

我好像遇到了**欲擒故纵的高手**。
wǒ hǎoxiàng yùdào le **yùqíngùzòng de gāoshǒu**.

어제 우리 괜찮았는데,

오늘 당신 또 왜 그러는 거야?

내가 뭘 잘못했나?

좀 심란하다.

내가 아무래도 **밀당의 고수**를 만난 것 같다.

🎵🎧 오늘의 선곡

心情不好，干脆听音乐吧。兴子 <蓝瘦香菇>
xīnqíng bù hǎo, gāncuì tīng yīnyuè ba. xīng zi <lánshòuxiānggū>

기분이 별로다. 음악이나 듣자. 씽즈 <속상해, 울고 싶어>

단어

好好(的) hǎohao(de) 멀쩡하다, 정상이다 (형용사 용법)

又 yòu 또

做错 zuò cuò 잘못하다

心烦 xīnfán 심란하다

遇到 yùdào 만나다, 맞닥뜨리다

心情 xīnqíng 기분, 심정

不好 bù hǎo 나쁘다, 좋지 않다

干脆 gāncuì 아예, 차라리

音乐 yīnyuè 음악

蓝瘦香菇 lánshòuxiānggū (유행어) 괴로워서 울고 싶다

 ## 연애도 복습이 필요해

• 부사로 활용되는 好好는 '잘, 실컷'이라는 뜻입니다. 보기를 참고하여 다음을 작문해보세요.

> **보기** '好好 + 동사' = 잘 (동사)하세요
> 睡觉   休息   听听   看看   吃饭

1) 푹 쉬어요. ➡
2) 푹 자요. ➡
3) 잘 들어요. ➡
4) 잘 봐요. ➡
5) 잘 챙겨 먹어요. ➡

• 알맞은 중국어 단어를 써 넣으세요.

> **보기**   推拉   花心   欲擒故纵   脚踩几只船   搞暧昧   玩暧昧

썸타다

6) ___ ___ ___ / ___ ___ ___

밀당

7) ___ ___ / ___ ___ ___ ___

어장관리

8) ___ ___ ___ ___ ___

갈대 같은 마음

9) ___ ___

<sub>1)好好休息 2)好好睡觉 3)好好听听 4)好好看看 5)好好吃饭
6) 搞暧昧 / 玩暧昧 7) 推拉 / 欲擒故纵 8) 脚踩几只船 9)花心</sub>

Chapter 4 ♡
고백
表白

- 我喜欢你。 당신을 좋아해요.
- 我有女朋友了。 여자친구가 생겼어요.
- 我们还是做朋友吧。 우리 그냥 친구해요.

我喜欢你。

당신을 좋아해요.

미리보기

民浩

我喜欢你！
wǒ xǐhuan nǐ!
저 당신을 좋아해요!

什么？我听不清楚。
shénme? wǒ tīng bu qīngchu.
뭐라고요? 잘 안 들려요.

白夏

연애도 어휘가 필요해

🔊 10-1

이 과에서 배울 주요 단어입니다. 미리 익혀두세요.
✓ mp3를 들은 만큼 체크하며 공부해요.

☐☐☐ 喜欢 xǐhuan 좋아하다, 호감을 가지다

☐☐☐ 这么 zhème 이렇게

☐☐☐ 晚 wǎn 늦다 (↔ 早 zǎo 이르다)

☐☐☐ 事 shì 일, 사건 (=事儿 shìr)

☐☐☐ 嗯…就是… ēn… jiùshì… (말하기를 주저하며) 음… 그게…

☐☐☐ 话 huà 말, 이야기

☐☐☐ 对 duì ~에게

☐☐☐ 说 shuō 말하다
+ 对你说 duì nǐ shuō 너에게 말하다

☐☐☐ 听 tīng 듣다

☐☐☐ 清楚 qīngchu 분명하다, 명백하다
+ 听不清楚 tīng bu qīngchu 잘 안 들리다

☐☐☐ 做 zuò (어떤 관계가) 되다
+ 做朋友 zuò péngyou 친구가 되다

연애도 대화가 필요해

白夏: 这么晚了, 你有什么事?
zhème wǎn le, nǐ yǒu shénme shì?

民浩: 嗯…就是…我有话要对你说。
Ēn…jiùshì… wǒ yǒu huà yào duì nǐ shuō.

白夏: 好, 你说吧。
hǎo, nǐ shuō ba.

民浩: 我喜欢你!
wǒ xǐhuan nǐ!

白夏: 什么? 我听不清楚。
shénme? wǒ tīng bu qīngchu.

民浩: 我喜欢你, 你做我的女朋友吧。
wǒ xǐhuan nǐ, nǐ zuò wǒ de nǚpéngyou ba.

백하: 이렇게 늦게 무슨 일이에요?
민호: 음… 그게… 저 그쪽한테 할 말이 있어요.
백하: 네, 말씀하세요.
민호: 저 당신을 좋아해요!
백하: 뭐라고요? 잘 안 들려요.
민호: 당신 좋아한다고요, 제 여자친구가 되어줘요.

 ## 연애도 공부가 필요해 　　　🔊 10-3

- 고백의 말

我真的真的喜欢你。
wǒ zhēnde zhēnde xǐhuan nǐ.
당신이 진짜 진짜 좋아요.

越来越喜欢你。
yuèláiyuè xǐhuan nǐ.
당신이 점점 더 좋아요.

我们在一起吧。
wǒmen zài yìqǐ ba.
우리 함께해요.

我会对你好的。
wǒ huì duì nǐ hǎo de.
제가 잘 할게요.

越来越 yuèláiyuè 점점, 갈수록 / **在一起** zài yìqǐ 함께 하다 / **会~的** huì~de ~할 것이다

연애도 감성이 필요해

10-4

연애초보의 일기

今天我向她表白了。
jīntiān wǒ xiàng tā biǎobái le.

其实，我准备了很多话。
qíshí, wǒ zhǔnbèi le hěn duō huà.

练习了一天。
liànxí le yì tiān.

可是，我就说了这一句。
Kěshì, wǒ jiù shuō le zhè yí jù.

"我喜欢你。"
"wǒ xǐhuan nǐ."

오늘 그녀에게 고백했다.

사실, 정말 많은 말을 준비했었다.

하루 종일 연습했다.

그런데 이 말 한마디밖에 못 했다.

"널 좋아한다고."

오늘의 선곡

等着她的回答，要听徐佳莹的〈喜欢你〉。
děng zhe tā de huídá, yào tīng xú jiā yíng de <xǐhuan nǐ>.

그녀의 대답을 기다리며, 쉬지아잉의 〈네가 좋아〉를 들어야겠다.

단어

向 xiàng ~에게
表白 biǎobái 고백하다
其实 qíshí 사실
准备 zhǔnbèi 준비하다
练习 liànxí 연습하다
一天 yì tiān 하루
一句 yí jù 한 문장, 한 마디
等 děng 기다리다
着 zhe ~한 채로
回答 huídá 대답, 응답

연애도 복습이 필요해

• 가로세로 열쇠를 보고 빈칸을 채워보세요.

가로 열쇠
① 당신에게 할 말이 있어요
② 당신을 좋아해요
③ 그녀에게 고백하다
④ 대답하다
⑤ 연습하다
⑥ 내 여자친구가 되어줘요

세로 열쇠
ⓐ 준비하다
ⓑ 당신에게 제가 잘 할게요
ⓒ 말씀하세요
ⓓ 당신이 점점 더 좋아져요
ⓔ 우리 함께해요

① 有话要对你说 ② 我喜欢你 ③ 向她表白 ④ 回答 ⑤ 练习 ⑥ 做我的女朋友吧
ⓐ 准备 ⓑ 我会对你好的 ⓒ 你说吧 ⓓ 越来越喜欢你 ⓔ 我们在一起吧

Chapter 4
고백

我有女朋友了。

여자친구가 생겼어요.

미리보기

民浩

你想好了吗?
nǐ xiǎng hǎo le ma?
생각해봤어요?

我们交往吧!
wǒmen jiāowǎng ba!
우리 사귀어요!

白夏

연애도 어휘가 필요해

🔊 11-1

이 과에서 배울 주요 단어입니다. 미리 익혀두세요.
✓ mp3를 들은 만큼 체크하며 공부해요.

☐☐☐ 想 xiǎng 생각하다
　　　+ 想好了 xiǎng hǎo le 충분히 생각했다

☐☐☐ 交往 jiāowǎng 교제하다

☐☐☐ 1. 吧 ba (권유의 어기) 청유와 권유의 어기 조사 (~합시다, ~하자)
　　　+ 交往吧 jiāowǎng ba 사귑시다, 사귀자
　　　2. 吧 ba (의문의 어기) 추측과 의문의 어기 조사 (~겠죠, ~겠지)
　　　+ 不是吧? bú shì ba? 아니겠지?

☐☐☐ 真的 zhēnde 정말로, 진짜로
　　　+ 真的吗 Zhēnde ma 정말요? 진짜요?

☐☐☐ 在 zài ~하고 있다, ~하고 있는 중이다

☐☐☐ 做梦 zuòmèng 꿈을 꾸다

☐☐☐ 其实 qíshí 사실은

☐☐☐ 假的 jiǎde 가짜, 가짜의, 거짓의
　　　+ 真的假的 zhēnde jiǎde 정말요? 진짜예요? 말도 안 돼

☐☐☐ 从…起… cóng…qǐ… ~부터 시작하여, ~을 기해
　　　+ 从今天起 cóng jīntiān qǐ 오늘부터

☐☐☐ 第一天 dì yī tiān 첫 날

여자친구가 생겼어요. **81**

연애도 대화가 필요해 🔊 11-2

你想好了吗?
nǐ xiǎng hǎo le ma?

民浩

白夏
我想好了, 我们交往吧!
Wǒ xiǎng hǎo le, wǒmen jiāowǎng ba!

真的吗? 我不是在做梦吧?
zhēn de ma? wǒ bú shì zài zuòmèng ba?

民浩

白夏
其实, 我也喜欢你!
qíshí, wǒ yě xǐhuan nǐ!

你做我的女朋友, 我做你的男朋友? 真的假的?
nǐ zuò wǒ de nǚpéngyou, wǒ zuò nǐ de nánpéngyou? zhēnde jiǎde?

民浩

白夏
是真的!! 从今天起第一天!
shì zhēnde!! cóng jīntiān qǐ dì yī tiān!

민호	생각해봤어요?
백하	네, 우리 사귀어요!
민호	정말요? 저 지금 꿈꾸는 거 아니죠?
백하	사실, 저도 당신 좋아해요.
민호	당신이 제 여자친구하고, 제가 당신 남자친구하고? 진짜죠?
백하	진짜예요!! 오늘부터 1일!

 ## 연애도 공부가 필요해 11-3

- 승낙의 언어

我愿意。
wǒ yuànyì.
전 원해요.(기꺼이)

我答应你。
wǒ dāying nǐ.
승낙할게요.

我把我的心给你。
wǒ bǎ wǒ de xīn gěi nǐ.
내 마음을 줄게요.

我要做你的女朋友。
wǒ yào zuò nǐ de nǚpéngyou.
당신의 여자친구가 될게요.

愿意 yuànyì 동의하다, 달가워하다 / 答应 dāying 허락하다, 승낙하다
把 bǎ ~을(를) / 心 xīn 마음 / 给 gěi ~에게 ~를 주다

 ## 연애도 감성이 필요해

🔊 11-4

연애초보의 일기

她终于答应我了。
tā zhōngyú dāying wǒ le.

她说，她也喜欢我。愿意做我的女朋友。
tā shuō, tā yě xǐhuan wǒ.　yuànyì zuò wǒ de nǚpéngyou.

我们成了一对，
wǒmen chéng le yí duì,

从今天起我就不是单身了!!
cóng jīntiān qǐ wǒ jiù bú shì dānshēn le!!

爸爸妈妈，兄弟姐妹们，我有女朋友了!!!
bàba māma, xiōngdìjiěmèimen, wǒ yǒu nǚpéngyou le!!!

그녀가 드디어 내 고백에 승낙했다.

그녀도 나를 좋아한단다. 기꺼이 내 여자친구가 된단다.

우린 커플이 되었고,

오늘부터 나는 솔로가 아니다!!

아빠 엄마, 형제 자매 여러분, 저 여친 생겼어요!!!

🎵🎧 오늘의 선곡

笑着听这首歌。光良<幸福来了>
xiào zhe tīng zhè shǒu gē. guāng liáng <xìngfú lái le>

웃으며 이 노래를 들어요. 광량〈행복이 왔어요〉

단어

终于 zhōngyú 마침내, 끝내
成 chéng ~가 되다
一对 yí duì 한 쌍
爸爸 bàba 아빠, 아버지
妈妈 māma 엄마, 어머니
兄弟姐妹 xiōngdìjiěmèi 형제자매
笑 xiào 웃다
幸福 xìngfú 행복하다
来 lái 오다

# 연애도 복습이 필요해

• 보기의 설명을 참고하여 다음 문장을 작문해보세요.

> 보기 从~起: ~부터 시작하여
> Ex) 从今天起第一天 오늘부터 1일

* 戒烟 jièyān 담배를 끊다   * 那时 nàshí 그때   * 起床 qǐchuáng (잠자리에서)일어나다

1) 지금부터 담배 끊을 거예요. ➡

2) 내일부터 일찍 일어날 거예요. ➡

3) 그때부터 그녀를 좋아하게 되었어요. ➡

4) 어제부터 우리 사귀기 시작했어요. ➡

• 어울리는 해석과 연결하세요.

5) 我愿意。　•　　　　　　　　• ⓐ 내 마음을 줄게요.

6) 我答应你。　•　　　　　　　• ⓑ 승낙할게요.

7) 我把我的心给你。　•　　　　• ⓒ 전 원해요.

8) 我要做你的女朋友。　•　　　• ⓓ 당신의 여자친구가 될게요.

1)从现在起要戒烟 2)从明天起要早点起床 3)从那时起我喜欢上她了
4)从昨天起我们开始谈恋爱 5)-ⓒ 6)-ⓑ 7)-ⓐ 8)-ⓓ

Chapter 4 고백

我们还是做朋友吧。

우리 그냥 친구해요.

미리보기

白夏

我觉得我们不合适。
wǒ juéde wǒmen bù héshì.
우린 잘 안 맞는 것 같아요.

我哪里不对？
wǒ nǎlǐ bú duì?
제가 뭘 잘못했나요?

民浩

# 연애도 어휘가 필요해 12-1

이 과에서 배울 주요 단어입니다. 미리 익혀두세요.
✓ mp3를 들은 만큼 체크하며 공부해요.

- ☐☐☐ 还是 háishi ~하는 편이 (더) 좋다, 아무래도 ~편이 낫겠다
- ☐☐☐ 做朋友 zuò péngyou 친구가 되다, 친구 하다
- ☐☐☐ 觉得 juéde ~라고 여기다
  + 我觉得~ wǒ juéde 내 생각엔
- ☐☐☐ 合适 héshì 적합하다, 알맞다
  + 不合适 bù héshì 어울리지 않다, 적합하지 않다
- ☐☐☐ 哪里 nǎlǐ 어디, 어느 곳
- ☐☐☐ 不对 bú duì 틀리다, 잘못하다
- ☐☐☐ 个 ge 是과 목적어 사이에 습관적으로 사용되며 별도 해석은 하지 않음
  + 他是个中国人 tā shì ge zhōngguórén 그는 중국인이다
- ☐☐☐ 好人 hǎorén 좋은 사람
  + 坏人 huàirén 나쁜 사람
- ☐☐☐ 只是 zhǐshì 단지, 다만
- ☐☐☐ 知道 zhīdào 알다
- ☐☐☐ 拜拜 bàibai 바이바이(bye-bye), 안녕 = 再见 zàijiàn

연애도 대화가 필요해

我想好了, 我们还是做朋友吧。
wǒ xiǎng hǎo le, wǒmen háishi zuò péngyou ba.

白夏

为什么?
wèishénme?

民浩

我觉得我们不合适。
wǒ juéde wǒmen bù héshì.

白夏

我哪里不对?
wǒ nǎlǐ bú duì?

民浩

不不, 你是个好人, 只是我们不合适。
bù bù, nǐ shì ge hǎorén, zhǐshì wǒmen bù héshì.

白夏

知道了, 拜拜!
zhīdào le, bàibai!

民浩

백하	생각해봤는데, 우리 아무래도 그냥 친구로 지내는 게 좋겠어요.
민호	왜요?
백하	우린 잘 안 맞는 것 같아요.
민호	제가 뭘 잘못했나요?
백하	아니요, 당신은 좋은 사람이에요. 다만 우리가 잘 안 맞는 것 같아요.
민호	알겠어요. 잘 가요!

88 Chapter 4 고백

 # 연애도 공부가 필요해 🔊 12-3

- 거절의 언어

对不起。
duìbuqǐ.
미안해요.

你是个好人。
nǐ shì ge hǎorén.
당신은 좋은 사람이에요.

可是我对你没有感觉。
kěshì wǒ duì nǐ méiyǒu gǎnjué.
하지만 전 당신에게 느낌이 없어요.

我也喜欢你，但不是男女之情。
wǒ yě xǐhuan nǐ, dàn bú shì nánnǚ zhī qíng.
저도 당신이 좋지만 남녀로서는 아니에요.

感觉 gǎnjué 느낌 / **但** dàn 그러나 / **男女** nánnǚ 남녀 / **之** zhī ~의 / **情** qíng 감정, 애정

우리 그냥 친구해요. 89

연애도 감성이 필요해

🔊 12-4

연애초보의 일기

又被拒绝了。
yòu bèi jùjué le.

可以拒绝我。
kěyǐ jùjué wǒ.

但是，真的很讨厌这句话"你是个好人"。
dànshì, zhēnde hěn tǎoyàn zhè jù huà "nǐ shì ge hǎorén."

我这么好，你为什么不跟我交往？
wǒ zhème hǎo, nǐ wèishénme bù gēn wǒ jiāowǎng?

知道了，我们还是做朋友吧！
zhīdào le, wǒmen háishi zuò péngyou ba!

또 거절당했다.

거절할 수 있다.

그런데 이 말은 정말 싫다. "당신은 좋은 사람이에요".

내가 이렇게 좋은 사람이면 왜 나랑 안 사귀는 건데?

알았다고, 우리 그냥 친구로 지내자고!

🎵🎧 오늘의 선곡

帮我放一下这首歌。李铭哲<男人不坏女人不爱>
bāng wǒ fàng yíxià zhè shǒu gē.
lǐ míng zhé <nánrén bú huài nǚrén bú'ài>

누가 이 노래 좀 틀어줘요. 리밍저 〈여자들은 나쁜 남자를 좋아해〉

단어

又 yòu 또
被 bèi ~에게 ~를 당하다
拒绝 jùjué 거절하다, 거부하다
但是 dànshì 그러나, 그렇지만
讨厌 tǎoyàn 싫어하다
句 jù [양사] 마디
　　　（언어를 세는 단위）
这么 zhème 이렇게
帮 bāng 돕다
放 fàng 틀다
一下 yíxià 좀 ~해보다
坏 huài 나쁘다

연애도 복습이 필요해

• 빈칸에 알맞은 말을 보기에서 고르세요.

보기 ⓐ 你是个好人 ⓑ 不合适 ⓒ 做朋友吧 ⓓ 拜拜 ⓔ 不对

女 我想好了，我们还是 1) _____ 。
생각해 봤는데, 우리 아무래도 그냥 친구로 지내는 게 좋겠어요.

男 为什么?
왜요?

女 我觉得我们 2) _____ 。
우린 잘 안 맞는 것 같아요.

男 我哪里 3) _____ ?
제가 뭘 잘못했나요?

女 不不, 4) _____ , 只是我们不合适。
아니요, 당신은 좋은 사람이에요. 다만 우리가 잘 안 맞는 것 같아요.

男 知道了, 5) _____ !
알겠어요. 잘 가요!

• 다음 단어의 뜻을 써보세요.

6) 觉得　　　　7) 交往　　　　8) 拒绝　　　　9) 讨厌

1)-ⓒ 2)-ⓑ 3)-ⓔ 4)-ⓐ 5)-ⓓ
6)~라고 여기다 7)사귀다, 교제하다 8)거절하다, 거부하다 9)싫어하다

Chapter 5

시작

开始

- 爱情的力量　사랑의 힘
- 爱你的理由　너를 사랑하는 이유
- 天生的一对　천생연분

Chapter 5
시작

爱情的力量
사랑의 힘

미리보기

白夏

大家都说我变漂亮了。
dàjiā dōu shuō wǒ biàn piàoliang le.
사람들이 그러는데 저 예뻐졌대요.

你本来就很漂亮。
nǐ běnlái jiù hěn piàoliang.
당신은 원래 예뻤는데.

民浩

연애도 어휘가 필요해

🔊 13-1

이 과에서 배울 주요 단어입니다. 미리 익혀두세요.
✓ mp3를 들은 만큼 체크하며 공부해요.

☐☐☐ 爱情 àiqíng 사랑, 애정

☐☐☐ 力量 lìliang 힘, 역량

☐☐☐ 大家 dàjiā 모두들

☐☐☐ 变 biàn 변하다

☐☐☐ 奇怪 qíguài 이상하다

☐☐☐ 本来 běnlái 본래, 원래

☐☐☐ 就 jiù 진작부터 그러하다는 것을 강조

+ **本来就很漂亮** běnlái jiù hěn piàoliang 원래부터 예뻤다

☐☐☐ 嘻嘻 xīxī 히히, 헤헤

☐☐☐ 嘴 zuǐ 입

☐☐☐ 真 zhēn 진짜로, 정말로

☐☐☐ 甜 tián 달콤하다

+ **嘴甜** zuǐ tián 말을 달콤하게 한다(듣기 좋은 말을 잘 한다)

☐☐☐ 眼里 yǎnlǐ 눈 속

+ **在我眼里** zài wǒ yǎnlǐ 내 눈에는, 내가 보기엔

☐☐☐ 世上 shìshang 세상

☐☐☐ 最 zuì 가장, 제일

사랑의 힘 95

연애도 대화가 필요해

白夏

大家都说我变漂亮了。
dàjiā dōu shuō wǒ biàn piàoliang le.

民浩

是吗? 很奇怪。
shì ma? hěn qíguài.

白夏

有什么奇怪的?
yǒu shénme qíguài de?

民浩

你本来就很漂亮。
nǐ běnlái jiù hěn piàoliang.

白夏

嘻嘻, 你的嘴真甜。
xīxī, nǐ de zuǐ zhēn tián.

民浩

在我眼里, 这世上你最漂亮。
zài wǒ yǎnlǐ, zhè shìshang nǐ zuì piàoliang.

백하	사람들이 그러는데 저 예뻐졌대요.
민호	그래요? 이상하네요.
백하	뭐가 이상해요?
민호	당신은 원래 예뻤는데.
백하	히히, 말씀 너무 예쁘게 하시네요.
민호	내 눈엔, 이 세상에서 당신이 제일 예뻐요.

 ## 연애도 공부가 필요해 🔊 13-3

- 사랑에 빠졌을 때

我的眼里只有你。
wǒ de yǎnlǐ zhǐyǒu nǐ.
내 눈엔 너만 보여.

我对你着迷了。
wǒ duì nǐ zháomí le.
난 네게 반했어.

有情饮水饱。
yǒuqíng yǐnshuǐ bǎo.
사랑을 하니 물만 마셔도 배가 부르네.
(연애할 때 쳐다만 봐도 좋다)

情人眼里出西施。
qíngrén yǎnli chū Xīshī.
눈에 콩깍지가 씌었어.(연인의 눈에는 서시로 보인다)

只有 zhǐyǒu ~만 있다, ~밖에 없다 / **对** duì ~에 대해 / **着迷** zháomí 매혹되다, 반하다
有情 yǒuqíng 애정이 있다 / **饮** yǐn 마시다 / **水** shuǐ 물 / **饱** bǎo 배부르다
情人 qíngrén 사랑하는 사람, 애인 / **出** chū 나타나다 / **西施** Xīshī 서시(중국 4대 미녀)

연애도 감성이 필요해

13-4

그 남자의 일기

人家都说我变帅了。
rénjiā dōu shuō wǒ biàn shuài le.

他们说，我这个人看起来很舒服。
tāmen shuō, wǒ zhè ge rén kànqǐlái hěn shūfu.

我自己觉得也是。
wǒ zìjǐ juéde yě shì.

笑得合不上嘴。
xiào de hébushàng zuǐ.

这好像是爱情的力量。
zhè hǎoxiàng shì àiqíng de lìliang.

사람들이 나더러 멋있어졌다고 한다.

내가 편안해 보인다고 한다.

내가 생각해도 그렇다.

웃느라 입이 안 다물어진다.

이게 **사랑의 힘**인가 보다.

🎵 오늘의 선곡

整天嘻嘻哈哈，哼着这首歌。王心凌〈爱你〉
zhěngtiān xīxīhāha, hēng zhe zhè shǒu gē. wáng xīn líng 〈ài'nǐ〉

하루 종일 싱글벙글, 이 노래를 흥얼댄다. 왕신링〈사랑해〉

단어

人家 rénjiā 남, 타인
帅 shuài 잘생기다, 멋지다
看起来 kànqǐlái 보기에, 보아하니
舒服 shūfu 편안하다
自己 zìjǐ 스스로
笑 xiào 웃다
合不上 hébushàng 입을 다물지 못함
爱情 àiqíng 애정, 사랑
力量 lìliang 힘
整天 zhěngtiān 온종일
哈哈 hāha 하하(웃음 소리)
哼 hēng 콧노래 부르다, 흥얼거리다

98 Chapter 5 시작

 ## 연애도 복습이 필요해

• 빈칸에 알맞은 말을 채워보세요.

大家都说我变 1)_____ 了。
사람들이 그러는데 저 예뻐졌대요.

是吗? 很 2)_____ 。
그래요? 이상하네.

你 3)_____ 就很漂亮的。
당신은 원래 예뻤는데.

嘻嘻, 你的嘴真 4)_____ 。
히히, 말씀 너무 예쁘게 하시네요.

在我 5)_____ , 这世上你最漂亮。
내 눈엔 이 세상에서 당신이 제일 예뻐요.

• 주어진 단어를 배열하여 문장을 완성해보세요.

6) 只有 / 眼里 / 我的 / 你   내 눈엔 너만 보여.   ➡ _____

7) 眼里 / 西施 / 出 / 情人   눈에 콩깍지가 씌였어.   ➡ _____

1)漂亮 2)奇怪 3)本来 4)甜 5)眼里 6)我的眼里只有你。 7)情人眼里出西施。

Chapter 5
시작

爱你的理由
너를 사랑하는 이유

미리보기

白夏

你喜欢我哪一点?
nǐ xǐhuan wǒ nǎ yī diǎn?
내 어떤 점이 좋아요?

全都喜欢。
quán dōu xǐhuan.
다 좋아요.

民浩

 # 연애도 어휘가 필요해 🔊 14-1

이 과에서 배울 주요 단어입니다. 미리 익혀두세요.
☑ mp3를 들은 만큼 체크하며 공부해요.

☐☐☐ 理由 lǐyóu 이유

☐☐☐ 亲爱的 qīn'àide 자기야

+ 宝贝 bǎobèi 귀염둥이, 예쁜이, 달링 (아이·사랑하는 사람을 부를 때)

☐☐☐ 问 wèn 묻다, 질문하다

☐☐☐ 问题 wèntí 문제

☐☐☐ 随便 suíbiàn 마음대로, 아무렇게나

+ 随你的便 suí nǐ de biàn 당신 마음대로 하세요, 당신 뜻대로 하세요

☐☐☐ 哪 nǎ 어느, 어떤

☐☐☐ 点 diǎn 점, 부분

+ 哪一点 nǎ yī diǎn 어떤 점, 어떤 부분

☐☐☐ 全 quán 전부, 모두

☐☐☐ 具体 jùtǐ 구체적이다

☐☐☐ 一点(儿) yìdiǎn(r) 좀, 약간 (서술어 + 一点(儿) : 가벼운 명령)

☐☐☐ 告诉 gàosu 말하다, 알리다

☐☐☐ 第 dì (수사 앞에서) 제

+ 第一 dì yī 제1, 첫째 / 第二 dì èr 제2, 둘째

☐☐☐ 长得 zhǎngde 생김새가, 생긴 게

☐☐☐ 美 měi 아름답다

☐☐☐ 性格 xìnggé 성격

연애도 대화가 필요해

白夏

亲爱的, 我想问你一个问题。
qīn'àide, wǒ xiǎng wèn nǐ yí ge wèntí.

随便问。
suíbiàn wèn.

民浩

白夏

你喜欢我哪一点?
nǐ xǐhuan wǒ nǎ yī diǎn?

全都喜欢。
quán dōu xǐhuan.

民浩

白夏

你说具体一点吧。告诉我三个理由。
nǐ shuō jùtǐ yìdiǎn ba. gàosu wǒ sān ge lǐyóu.

第一长得美, 第二性格好, 第三对我好。
dì yī zhǎngde měi, dì èr xìnggé hǎo, dì sān duì wǒ hǎo.

民浩

백하 자기, 나 하나 묻고 싶은 게 있는데요.
민호 얼마든지 물어봐요.
백하 내 어떤 점이 좋아요?
민호 다 좋아요.
백하 구체적으로 말해봐요. 이유 3개 말해줘요.
민호 첫째 예쁘고, 둘째 성격 좋고, 셋째 나한테 잘해주죠.

💗 연애도 공부가 필요해 🔊 14-3

- 널 좋아하는 이유

我喜欢你的笑容, 但别人也有。
wǒ xǐhuan nǐ de xiàoróng, dàn biérén yě yǒu.
당신의 미소가 좋아요,
하지만 다른 사람에게도 있는 거예요.

我喜欢你的温柔, 但别人也有。
wǒ xǐhuan nǐ de wēnróu, dàn biérén yě yǒu
당신의 상냥함이 좋아요, 하지만 다른 사람도 가진 거죠.

对呀, 我喜欢的不是你的什么。
duì ya, wǒ xǐhuan de bú shì nǐ de shénme.
맞아요, 난 당신의 무엇을 좋아하는 게 아니에요.

我喜欢的就是你。
wǒ xǐhuan de jiùshì nǐ.
그냥 당신이 좋은 거예요.

笑容 xiàoróng 웃는 얼굴 / 别人 biérén 남, 타인 / 温柔 wēnróu 온유하다, 상냥하다

연애도 감성이 필요해

🔊 14-4

단어
的时候 de shíhou ~할 때
突然 tūrán 갑자기
问题 wèntí 문제
难 nán 어렵다
回答 huídá 대답하다, 회답하다
因为 yīnwèi 왜냐하면
从头到脚 cóngtóudàojiǎo 머리에서 발 끝까지
酒窝 jiǔwō 보조개

그 남자의 일기

今天吃饭的时候，她突然问我，
jīntiān chī fàn de shíhou, tā tūrán wèn wǒ,

喜欢她的哪一点。
xǐhuan tā de nǎ yī diǎn.

这个问题很难回答。
zhè ge wèntí hěn nán huídá.

因为我女朋友从头到脚都很美。
yīnwèi wǒ nǚpéngyou cóngtóudàojiǎo dōu hěn měi.

亲爱的，不要问我爱你的理由。
qīn'àide, bú yào wèn wǒ ài nǐ de lǐyóu.

오늘 식사 중에 갑자기 그녀가

자신의 어디가 좋은지 물었다.

이 문제는 정말 대답하기가 곤란하다.

왜냐하면, 내 여자친구는 머리부터 발끝까지 다 아름다우니까.

사랑하는 그대, 내게 사랑의 이유를 묻지 마오.

🎵🎧 오늘의 선곡

我想跟她一起唱这首歌。
林俊杰和蔡卓妍一起唱的＜小酒窝＞
wǒ xiǎng gēn tā yìqǐ chàng zhè shǒu gē.
lín jùn jié hé cài zhuó yán yìqǐ chàng de <xiǎojiǔwō>

그녀와 함께 이 노래를 부르고 싶다.
린쥔지에와 차이주어옌이 함께 부른 〈보조개〉

연애도 복습이 필요해

• 빈칸에 알맞은 말을 보기에서 고르세요.

> **보기**   ⓐ 随便   ⓑ 亲爱的   ⓒ 具体   ⓓ 对我好   ⓔ 哪一点

女 1) _____, 我想问你一个。
　　자기, 나 하나 묻고 싶은 게 있는데요.

男 2) _____问我。
　　얼마든지 물어봐요.

女 你喜欢我 3)_____?
　　내 어떤 점이 좋아요?

男 全都喜欢。
　　다 좋아요.

女 你说 4)_____一点吧。告诉我三个理由。
　　구체적으로 말해봐요. 이유 3개 말해줘요.

男 第一长得美，第二性格好，第三 5)_____。
　　첫째 예쁘고, 둘째 성격 좋고, 셋째 나한테 잘해주죠.

• 다음 문장을 해석해보세요.

6) 我喜欢的不是你的什么。　➡

7) 我喜欢的就是你。　➡

8) 你从头到脚都很美。　➡

1)-ⓑ 2)-ⓐ 3)-ⓔ 4)-ⓒ 5)-ⓓ 6) 난 당신의 무엇을 좋아하는 게 아니에요.
7) 그냥 당신이 좋은 거예요. 8) 당신은 머리끝부터 발끝까지 다 아름다워요.

너를 사랑하는 이유

Chapter 5
시작

天生的一对
천생연분

미리보기

白夏

我只吃蛋白，你呢?
wǒ zhǐ chī dànbái, nǐ ne?
전 흰자만 먹는데, 당신은요?

我晕，我爱吃蛋黄。
wǒ yūn, wǒ ài chī dànhuáng.
헐, 나는 노른자가 좋은데.

民浩

# 연애도 어휘가 필요해

🔊 15-1

이 과에서 배울 주요 단어입니다. 미리 익혀두세요.
☑ mp3를 들은 만큼 체크하며 공부해요.

- ☐☐☐ 天生的一对 tiānshēng de yí duì 천생연분 (=天生一对 tiānshēng yí duì)
- ☐☐☐ 炒年糕 chǎoniángāo 떡볶이
  - **+ 炒** chǎo 볶다
- ☐☐☐ 只 zhǐ 오직
- ☐☐☐ 年糕条 niángāotiáo 떡볶이용 떡, 가래떡
  - **+ 年糕** niángāo 떡
- ☐☐☐ 鱼饼 yúbǐng 어묵
- ☐☐☐ 太~了 tài~le 너무 ~하다
- ☐☐☐ 爱 ài ~하기를 좋아하다, 즐겨 하다(↔不爱 bú ài 즐겨 하지 않다)
  - **+ 爱吃肉** ài chī ròu 고기를 즐겨 먹다
- ☐☐☐ 煮 zhǔ 삶다
- ☐☐☐ 鸡蛋 jīdàn 달걀
  - **+ 煮鸡蛋** zhǔ jīdàn 삶은 계란 / **煎鸡蛋** jiān jīdàn 계란 프라이
- ☐☐☐ 蛋白 dànbái (삶은 달걀의) 흰자
  - **+ 蛋清** dànqīng (날달걀의) 흰자
- ☐☐☐ 蛋黄 dànhuáng 노른자
- ☐☐☐ 晕 yūn [구어] 헐(어지럽다의 뜻)
- ☐☐☐ 神奇 shénqí 신기하다
- ☐☐☐ 肯定 kěndìng 틀림없이, 확실히

연애도 대화가 필요해

我们吃炒年糕吧!
wǒmen chī chǎoniángāo ba!

民浩

白夏

好啊。可我只吃年糕条, 不吃鱼饼。
hǎo a. kě wǒ zhǐ chī niángāotiáo, bù chī yúbǐng.

太好了, 我爱吃鱼饼不爱吃年糕条。
tài hǎo le, wǒ ài chī yúbǐng bú ài chī niángāotiáo.

民浩

白夏

这儿有个煮鸡蛋! 我只吃蛋白, 你呢?
zhèr yǒu ge zhǔ jīdàn! wǒ zhǐ chī dànbái, nǐ ne?

我晕, 我爱吃蛋黄。
wǒ yūn, wǒ ài chī dànhuáng.

民浩

白夏

好神奇, 我们肯定是天生的一对!
hǎo shénqí, wǒmen kěndìng shì tiānshēng de yí duì!

민호	우리 떡볶이 먹어요!
백하	좋아요. 근데 나는 떡만 먹어요. 어묵은 안 먹고.
민호	잘됐다! 저는 어묵 좋아하고 떡은 싫은데.
백하	여기 삶은 달걀이 하나 있어요. 전 흰자만 먹는데, 당신은요?
민호	헐, 나는 노른자가 좋은데.
백하	완전 신기해요. 우리는 천생연분인 게 틀림없어요!

 ## 연애도 공부가 필요해 🔊 15-3

- 우리는 천생연분

跟你一起吃, 更好吃。
gēn nǐ yìqǐ chī, gèng hǎochī.
당신이랑 먹으니까 더 맛있어요.

跟你一起看, 更有意思。
gēn nǐ yìqǐ kàn, gèng yǒuyìsi.
당신이랑 보니까 더 재밌어요.

跟你一起聊天, 觉得更幸福。
gēn nǐ yìqǐ liáotiān, juéde gèng xìngfú.
당신이랑 이야기 나누니 더 행복해요.

所以跟你在一起时, 时间过得更快。
suǒyǐ gēn nǐ zài yìqǐ shí, shíjiān guò de gèng kuài.
그래서 당신과 함께인 시간은 더 빨리 가요.

跟~一起 gēn~yìqǐ ~와 같이 / 更 gèng 더욱 / 好吃 hǎochī 맛있다
幸福 xìngfú 행복하다 / 所以 suǒyǐ 그래서 / 过 guò (시간이) 지나다 / 快 kuài 빠르다

연애도 감성이 필요해

🔊 15-4

단어

虽然 suīrán 비록 ~하지만
有点(儿) yǒudiǎn(r) 약간, 좀
肉麻 ròumá 오글거리다
还是 háishi 여전히, 그래도

그 남자의 일기

今天跟她一起去吃炒年糕了。
jīntiān gēn tā yìqǐ qù chī chǎoniángāo le.

她喜欢吃年糕条，我喜欢吃鱼饼。
tā xǐhuan chī niángāotiáo, wǒ xǐhuan chī yúbǐng.

她只吃蛋白，我只吃蛋黄。
tā zhǐ chī dànbái, wǒ zhǐ chī dànhuáng.

这是不是太神奇了!
zhè shìbushì tài shénqí le!

我们肯定是 天生的一对 !
wǒmen kěndìng shì tiānshēng de yí duì!

오늘 그녀와 함께 떡볶이를 먹었다.

그녀는 떡을 좋아하고 나는 어묵을 좋아한다.

그녀는 흰자만 먹고, 나는 노른자만 먹는다.

이거 너무 신기하지 않은가!

우린 틀림없이 **천생연분**이다!

🎵 오늘의 선곡

虽然有点肉麻，还是想听这首歌。
苏晴 <宝贝我爱你>
suīrán yǒudiǎn ròumá, háishi xiǎng tīng zhè shǒu gē.
sū qíng <bǎobèi wǒ ài nǐ>

조금 닭살 돋긴 하지만, 그래도 이 노래가 듣고 싶다.
쑤칭 〈자기야, 사랑해〉

연애도 복습이 필요해

- 보기 단어 및 제시어를 활용하여 아래 문장을 중국어로 옮겨보세요.

> **보기** 蛋白 VS 蛋黄 / 煮鸡蛋 VS 煎鸡蛋 / 年糕条 VS 鱼饼
> **제시어** 还是 1) ~아니면(or의 의미) 2) 여전히, 그래도 (~하는 편이 낫다)

1) A : 당신은 노른자가 좋아요, 흰자가 좋아요? ➡
2) B : 저는 그래도 흰자가 좋아요. ➡

3) A : 삶은 계란 먹을래요, 아니면 프라이 먹을래요? ➡
4) B : 전 그래도 프라이 먹을래요. ➡

5) A : 떡이 많아요, 아니면 어묵이 많아요? ➡
6) B : 그래도 떡이 많네요. ➡

- 빈칸에 알맞은 단어를 채워보세요.

6) _____ 你一起吃, _____ 好吃 。　　당신이랑 먹으니까 더 맛있어요.

7) 跟你一起 ____, 更 _____ 。　　당신이랑 보니까 더 재미있어요.

8) 跟你一起_____, 更幸福。　　당신이랑 이야기 나누니 더 행복해요.

1)你喜欢蛋黄还是蛋白 2)我还是喜欢蛋白 3)你要吃煮鸡蛋还是煎鸡蛋 4)我还是要吃煎鸡蛋
5)年糕条多还是鱼饼多 6)还是年糕条多 7)跟, 更 8)看, 有意思 9)聊天

Chapter 6 ♡
키스
接吻

- 我喜欢亲热接触。 전 스킨십이 좋아요.
- 甜蜜的初吻 달콤한 첫 키스
- 不可以外宿。 외박은 안 돼요.

Chapter 6
키스

我喜欢亲热接触。
전 스킨십이 좋아요.

미리보기

民浩

我可以牵你的手吗?
wǒ kěyǐ qiān nǐ de shǒu ma?
손 잡아도 돼요?

这还用问吗?
zhè hái yòng wèn ma?
뭘 그런 걸 물어봐요?

白夏

 연애도 어휘가 필요해

🔊 16-1

이 과에서 배울 주요 단어입니다. 미리 익혀두세요.
✓ mp3를 들은 만큼 체크하며 공부해요.

☐☐☐ 亲热 qīnrè 친밀하고 다정스럽다
☐☐☐ 接触 jiēchù 닿다, 접촉하다
  + 亲热接触 qīnrè jiēchù 스킨십
☐☐☐ 可以 kěyǐ ~해도 된다, ~해도 좋다
  + 可以~吗? kěyǐ ~ma? ~해도 될까요?(허락·동의를 구하는 표현)
☐☐☐ 牵 qiān 끌다, 잡아 끌다
  + 牵手 qiānshǒu 손을 잡다
☐☐☐ 还 hái 또, 더
☐☐☐ 用 yòng 필요하다
☐☐☐ 问 wèn 묻다, 질문하다
  + 这还用问吗? zhè hái yòng wèn ma? 물어볼 필요가 있어요? 이것도 몰라요?
☐☐☐ 温暖 wēnnuǎn 따뜻하다, 따스하다
☐☐☐ 因为 yīnwèi 왜냐하면, ~때문에
☐☐☐ 对了 duì le 아 참, 아 맞다
☐☐☐ 如果 rúguǒ 만약, 만일
☐☐☐ 等 děng 기다리다
☐☐☐ 怕 pà 무서워하다, 두려워하다
☐☐☐ 太 tài 너무
☐☐☐ 急 jí 급하다, 서두르다

Chapter 6 키스

솔로 / 설렘 / 밀당 / 고백 / 시작 / 일상 / 냉전 / 결혼 / 현실

전 스킨십이 좋아요. 115

연애도 대화가 필요해 16-2

我可以牵你的手吗?
wǒ kěyǐ qiān nǐ de shǒu ma?
民浩

白夏
这还用问吗?
zhè hái yòng wèn ma?

谢谢, 你的手很温暖。
xièxie, nǐ de shǒu hěn wēnnuǎn.
民浩

白夏
因为, 我的心很温暖。
yīnwèi, wǒ de xīn hěn wēnnuǎn.

对了, 你也喜欢'亲热接触'吗?
如果不喜欢, 我就等你。
duì le, nǐ yě xǐhuan 'qīnrè jiēchù' ma?
rúguǒ bù xǐhuan, wǒ jiù děng nǐ.
民浩

白夏
不是不喜欢。可是我怕爱得太急。
bú shì bù xǐhuan. kěshì wǒ pà ài de tài jí.

민호 　손 잡아도 돼요?
백하 　뭘 그런 걸 물어봐요?
민호 　고마워요. 당신 손 참 따뜻하네요.
백하 　전 마음이 따뜻하거든요.
민호 　참, 당신도 '스킨십' 좋아해요? 혹시, 싫으시면 기다릴게요.
백하 　싫은 건 아니지만 너무 서두르는 건 무서워요.

 ## 연애도 공부가 필요해   🔊 16-3

- 자연스러운 스킨십

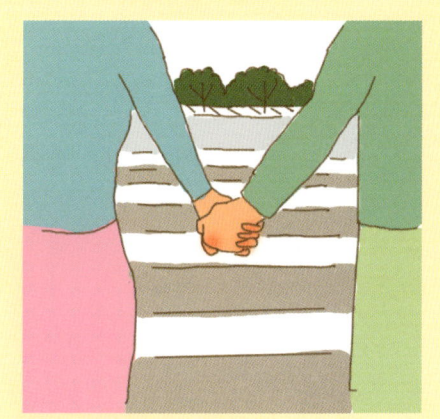

过马路时牵着手。
guò mǎlù shí qiān zhe shǒu.
손잡고 길 건너기.

每次见面时抱一抱。
měicì jiànmiàn shí bào yi bào.
만날 때마다 가벼운 허그.

轻轻地摸摸头。
qīngqīng de mōmō tóu.
가볍게 머리 쓰담쓰담.

整个过程要自然!
zhěng ge guòchéng yào zìrán!
모든 과정은 자연스럽게!

过 guò 건너다, 가다 / 马路 mǎlù 길 / 每次 měicì 매번 / 抱 bào 포옹하다
轻轻地 qīngqīng de 살살, 가볍게 / 摸 mō 쓰다듬다 (摸摸 mōmō (인터넷 용어) 쓰담쓰담)
头 tóu 머리 / 整个 zhěng ge 전체의 / 过程 guòchéng 과정 / 自然 zìrán 자연스럽다

연애도 감성이 필요해

16-4

단어

快 kuài 빠르다
不要 bú yào 필요치 않다
　　　　　～해서는 안 된다
想起 xiǎngqǐ 떠올리다, 생각하다
只 zhī [양사] 쪽, 짝 (쌍으로 이루어진 것 중 하나)

그 남자의 일기

我牵了她的手，很温暖。
wǒ qiān le tā de shǒu, hěn wēnnuǎn.

我问她喜不喜欢'亲热接触'。
wǒ wèn tā xǐbuxǐhuan 'qīnrè jiēchù'.

她说，怕爱得太急太快。
tā shuō, pà ài de tài jí tài kuài.

她说得对，爱的时候不要太急太快。
tā shuō de duì, ài de shíhou bú yào tài jí tài kuài.

我喜欢亲热接触，可是我也不要太急太快。
wǒ xǐhuan qīnrè jiēchù, kěshì wǒ yě bú yào tài jí tài kuài.

그녀의 손을 잡았다. 따뜻했다.

나는 그녀에게 스킨십을 좋아하는지 물었다.

그녀는 "너무 빠른 건 무섭다고 했다."

그녀 말이 맞다. 사랑할 땐 너무 서두르면 안 된다.

나는 스킨십이 좋지만, 나도 너무 서두르는 건 원치 않는다.

🎧 오늘의 선곡

又想起那只温暖的手，要听这首歌。
梁静茹 <暖暖>
yòu xiǎngqǐ nà zhī wēnnuǎn de shǒu, yào tīng zhè shǒu gē.
liáng jìng rú <nuǎnnuǎn>

또 그 따뜻한 손이 생각난다. 이 노래 들어야지, 량징루 〈따뜻해〉

 # 연애도 복습이 필요해

• 정도보어 得가 활용된 재치 있는 표현입니다. 어울리는 것끼리 연결하세요.

1) 爱得太急。 •   • ⓐ 실천이 말보다 낫다.

2) 说得好不如做得好。 •   • ⓑ 못생겨서 미안합니다.

3) 对不起, 我长得太丑。 •   • ⓒ 네 말이 맞다.

4) 你说得对。 •   • ⓓ 사랑을 너무 서두르다.

• 알맞은 것끼리 연결하세요.

5)    6) 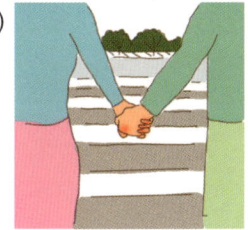   7)

ⓐ 过马路时牵着手   ⓑ 每次见面时抱一抱   ⓒ 轻轻地摸摸头

1)-ⓓ 2)-ⓐ 3)-ⓑ 4)-ⓒ 5)-ⓑ 6)-ⓐ 7)-ⓒ

전 스킨십이 좋아요.

**Chapter 6
키스**

甜蜜的初吻

달콤한 첫 키스

미리보기

白夏

我想吻你。
wǒ xiǎng wěn nǐ.
나 키스하고 싶어요.

有时候, 你比我更勇敢。
yǒushíhou, nǐ bǐ wǒ gèng yǒnggǎn.
가끔은 자기가 나보다 더 용감해요.

民浩

 연애도 어휘가 필요해 🔊 17-1

이 과에서 배울 주요 단어입니다. 미리 익혀두세요.
✓ mp3를 들은 만큼 체크하며 공부해요.

- ☐☐☐ 甜蜜 tiánmì 달콤하다
- ☐☐☐ 初 chū 처음의, 첫 번째의
- ☐☐☐ 吻 wěn 입맞춤하다, 키스하다 (=接吻 jiēwěn)
  + 初吻 chūwěn 첫 키스
- ☐☐☐ 有时候 yǒushíhou 가끔, 종종
- ☐☐☐ 比 bǐ ~에 비해
- ☐☐☐ 更 gèng 더욱, 더
- ☐☐☐ 勇敢 yǒnggǎn 용감하다
- ☐☐☐ 什么时候 shénme shíhou 언제, 어느 때
- ☐☐☐ 现在 xiànzài 지금, 현재
- ☐☐☐ 准备 zhǔnbèi 준비, 준비하다
- ☐☐☐ 好 hǎo (동사 뒤에서) 잘 하다, 다 하다
  + 准备好了 zhǔnbèi hǎo le 준비가 다 되었다
- ☐☐☐ 闭 bì 닫다
- ☐☐☐ 眼睛 yǎnjing 눈
  + 闭眼睛 bì yǎnjing 눈을 감다
- ☐☐☐ 幸福 xìngfú 행복
- ☐☐☐ 突然 tūrán 갑자기, 돌연

연애도 대화가 필요해   🔊 17-2

白夏

我想吻你。
wǒ xiǎng wěn nǐ.

在这儿? 有时候, 你比我更勇敢。
zài zhèr? yǒushíhou, nǐ bǐ wǒ gèng yǒnggǎn.

民浩

白夏

你的初吻是什么时候?
nǐ de chūwěn shì shénme shíhou?

现在!
xiànzài!

民浩

白夏

我准备好了。那, 我闭眼睛啦。
wǒ zhǔnbèi hǎo le. nà, wǒ bì yǎnjing la.

幸福来得太突然。
xìngfú lái de tài tūrán.

民浩

백하	나 키스하고 싶어요.
민호	여기서요? 가끔은 자기가 나보다 더 용감해요.
백하	당신은 첫 키스 언제예요?
민호	지금요!
백하	전 준비됐어요. 그럼 저 눈 감을게요.
민호	행복이 너무 갑작스럽게 오네요.

 # 연애도 공부가 필요해   17-3

- 연애 진도

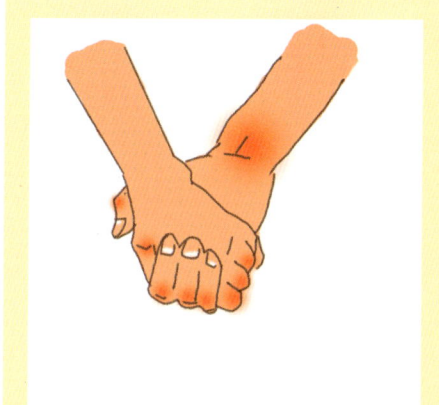

1. 牵手 / 我们牵个手吧。
qiān shǒu / wǒmen qiān ge shǒu ba.
손잡기 / 우리 손잡아요.

2. 拥抱 / 给我抱一个！
yōngbào / gěi wǒ bào yí ge!
포옹 / 안아주세요!

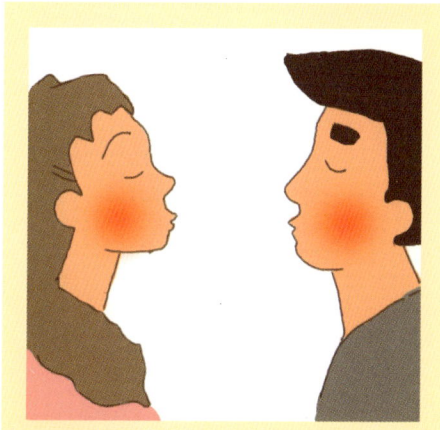

3. 亲亲 / 给我亲一个！
qīnqīn / gěi wǒ qīn yí ge!
뽀뽀 / 뽀뽀해 주세요!

4. 接吻 / 我可以吻你吗?
jiēwěn / wǒ kěyǐ wěn nǐ ma?
키스 / 키스해도 돼요?

拥抱 yōngbào 포옹하다　　亲亲 qīnqīn 뽀뽀　　接吻 jiēwěn 키스하다

 연애도 감성이 필요해

🔊 17-4

그 남자의 일기

有点不好意思,
yǒudiǎn bùhǎoyìsi,

今天我第一次接吻了。
jīntiān wǒ dì yī cì jiēwěn le.

跟她接吻时, 我激动得心都要蹦出来了。
gēn tā jiēwěn shí, wǒ jīdòng de xīn dōu yào bèng chūlai le.

永远忘不了!
yǒngyuǎn wàng bu liǎo!

这一天, 甜蜜的初吻。
zhè yì tiān, tiánmì de chūwěn.

조금 부끄럽지만,

오늘 나는 첫 키스를 했다.

그녀와 입술이 닿을 때, 심장이 튀어나오는 줄 알았다.

영원히 잊을 수 없어!

이날의 달콤했던 첫 키스.

🎵🎧 오늘의 선곡

今天要听世界上最甜蜜的歌。
乔欣, 邓伦 <我们的小世界>
jīntiān yào tīng shìjiè shang zuì tiánmì de gē.
qiáo xīn, dèng lún <wǒmen de xiǎo shìjiè>

오늘은 세상에서 제일 달콤한 노래 들어야지.
치아오신, 떵룬의 <우리만의 작은 세상>

단어

不好意思 bùhǎoyìsi 부끄럽다
第一次 dì yī cì 맨 처음
激动 jīdòng 흥분하다, 감동하다
蹦 bèng 튀어오르다
出来 chūlai
　　　(안에서 밖으로) 나오다
永远 yǒngyuǎn 영원히
忘不了 wàng bu liǎo
　　　잊을 수 없다
这一天 zhè yì tiān 이 날
甜蜜 tiánmì 달콤하다

연애도 복습이 필요해

• 비교문에 대한 설명을 보고, 다음 문장을 해석해보세요.

> **비교문** : A와 B의 성질 · 특징을 비교하기 위한 구문
>
> **比구문** : A+ 比+ B+ 술어   Ex) 你比我勇敢。당신이 저보다 용감해요.

1) 你比自己更重要。 ➡ _____ * 重要 zhòngyào 중요하다

2) 我比谁都爱你。 ➡ _____

3) 没有人比我更爱你。 ➡ _____

4) 你比什么都珍贵。 ➡ _____ * 珍贵 zhēnguì 소중하다

• 알맞은 것끼리 연결하고 중국어를 따라 써보세요.

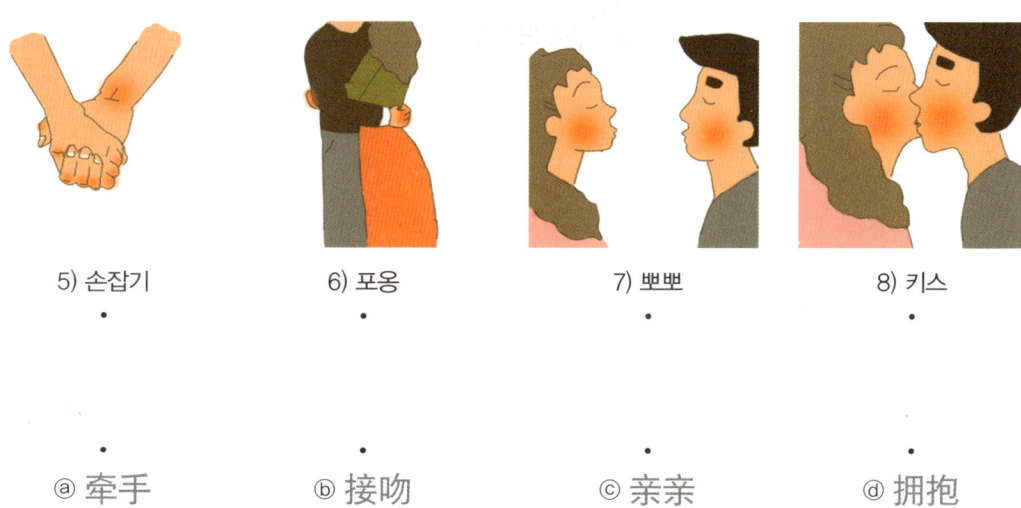

5) 손잡기   6) 포옹   7) 뽀뽀   8) 키스

ⓐ 牵手   ⓑ 接吻   ⓒ 亲亲   ⓓ 拥抱

1)당신은 (나)자신보다 중요해요 2)난 누구보다 당신을 사랑해요
3)나보다 당신을 더 사랑하는 사람은 없어요 4)당신은 그 무엇보다 소중해요
5)-ⓐ 6)-ⓓ 7)-ⓒ 8)-ⓑ

Chapter 6
키스

不可以外宿。
외박은 안 돼요.

미리보기

白夏

我们去旅行吧!
wǒmen qù lǚxíng ba!
우리 여행 가요!

不行, 不可以外宿!
bù xíng, bù kěyǐ wàisù!
안 돼요. 외박은 안 돼요.

民浩

 # 연애도 어휘가 필요해

🔊 18-1

이 과에서 배울 주요 단어입니다. 미리 익혀두세요.
☑ mp3를 들은 만큼 체크하며 공부해요.

☐☐☐ 不可以 bù kěyǐ ~해서는 안 되다
☐☐☐ 外宿 wàisù 외박하다
☐☐☐ 旅行 lǚxíng 여행하다
☐☐☐ 不行 bù xíng 안 되다, 허락하지 않다
☐☐☐ 这样 zhèyàng 이렇다, 이렇게
☐☐☐ 快 kuài 빠르다 (↔慢 màn)
☐☐☐ 到底 dàodǐ 도대체
☐☐☐ 危险 wēixiǎn 위험하다
　　　+ 安全 ānquán 안전하다
☐☐☐ 忍不住 rěnbuzhù 견딜 수 없다, 참을 수 없다
　　　+ 忍得住 rěndezhù 참을 수 있다, 견딜 수 있다
☐☐☐ 噗哈哈 pūhāha (웃는 소리) 푸하하하
☐☐☐ 进来 jìnlái 들어오다
☐☐☐ 碗 wǎn [양사] 사발, 그릇
☐☐☐ 拉面 lāmiàn 라면
　　　+ 方便面 fāngbiànmiàn 인스턴트 라면
☐☐☐ 耍 shuǎ 놀리다, 장난하다
☐☐☐ 认真 rènzhēn 진지하다

Chapter 6
키스

솔로
설렘
밀당
고백
시작
일상
냉전
결혼
현실

연애도 대화가 필요해

白夏

我们去旅行吧!
wǒmen qù lǚxíng ba!

不行不行, 不可以外宿! 现在这样说有点快, 很危险。
bù xíng bù xíng, bù kěyǐ wàisù! xiànzài zhèyàng shuō yǒudiǎn kuài, hěn wēixiǎn.
民浩

白夏

有什么危险的? 你到底在想什么?
yǒu shénme wēixiǎn de? nǐ dàodǐ zài xiǎng shénme?

危险的就是我, 我忍不住…
wēixiǎn de jiùshì wǒ, wǒ rěnbuzhù…
民浩

白夏

噗哈哈, 你太可爱了。要不要进来吃碗拉面?
pūhāha, nǐ tài kě'ài le. yàobuyào jìnlái chī wǎn lāmiàn?

别耍我, 我是认真的!
bié shuǎ wǒ, wǒ shì rènzhēn de!
民浩

백하	우리 여행 가요!
민호	안 돼요. 외박은 안 돼요. 지금 말하긴 좀 빨라요. 위험해요.
백하	뭐가 위험해요? 도대체 무슨 생각하는 거예요?
민호	제가 위험해요. 전 참을 수가 없다구요…
백하	푸하하. 당신 너무 귀여워요. 들어와서 라면 먹고 갈래요?
민호	놀리지 마요, 전 진지하단 말이에요!

 ## 연애도 공부가 필요해 🔊 18-3

- 원칙을 지키는 남자

今晚不要回家。
jīnwǎn bú yào huí jiā.
오늘 밤은 집에 가지 마요.

我们一起过这一夜吧。
wǒmen yìqǐ guò zhè yí yè ba.
우리 같이 이 밤을 보내요.

你什么都不必说。
nǐ shénme dōu bú bì shuō.
어떤 말도 필요치 않아요.

你放心，我不会对你怎样的。
nǐ fàngxīn, wǒ bú huì duì nǐ zěnyàng de.
걱정 마요, 당신을 어떻게 하지 않아요.

回家 huí jiā 귀가하다 / 过 guò 시간을 보내다 / 一夜 yí yè 하룻밤
不必 bú bì ~할 필요 없다 / 放心 fàngxīn 마음을 놓다 / 怎样 zěnyàng 어떻게

외박은 안 돼요.

 # 연애도 감성이 필요해

🔊 18-4

단어

男人 nánrén 남자
色狼 sèláng 색마
别的 bié de 다른 것
不管怎么样 bùguǎn zěnmeyàng 어쨌든 간에, 아무튼
歌曲 gēqǔ 노래
傻等 shǎděng 바보처럼 기다리다

그 남자의 일기

我们交往了六个月，现在这样说有点快。
wǒmen jiāowǎng le liù ge yuè, xiànzài zhèyàng shuō yǒudiǎn kuài.

我是个好男人，不是色狼!
wǒ shì ge hǎo nánrén, bú shì sèláng!

想想别的吧!
xiǎng xiǎng bié de ba!

不不! 不要想太多!
bù bù! bú yào xiǎng tài duō!

不管怎么样，不可以外宿。
bùguǎn zěnmeyàng, bù kěyǐ wàisù.

우리 연애 6개월 차, 지금 말하긴 이르다.

나는 좋은 남자다. 나는 색마가 아니다!

다른 생각을 하자!

아니! 생각을 너무 많이 하지 말자!

어쨌든, 외박은 안 된다.

🎧 오늘의 선곡

要等等，还要等等，一定要等等。
今天的歌曲就是夏天 Alex <傻等>
yào děngdeng, hái yào děngdeng, yídìng yào děngdeng.
jīntiān de gēqǔ jiùshì xiàtiān Alex <shǎděng>

기다려야 해. 더 기다려야 해. 반드시 기다려야 해.
오늘의 노래는 샤티엔 alex의 〈바보같은 기다림〉

연애도 복습이 필요해

• 보기의 설명을 참고하여 다음 문장을 중작해보세요.

> **보기** 认真　旅行　到底　外宿　进来
> 　　　　危险　忍不住　可爱　耍

女　我们去 1)_____ 吧!
　　　우리 여행 가요.

男　不行不行, 不可以 2)_____ ! 现在这样说有点快, 很 3)_____。
　　　안 돼요. 외박은 안 돼요! 지금 말하긴 일러요. 위험해요.

女　有什么危险的? 你 4)_____ 在想什么?
　　　뭐가 위험해요? 도대체 무슨 생각하는 거예요?

男　危险的就是我, 我好像 5)_____...
　　　제가 위험해요. 아무래도 못 참을 것 같아요.

女　噗哈哈, 你太 6)_____ 了。要不要 7)_____ 吃碗拉面?
　　　푸하하. 당신 너무 귀여워요. 들어와서 라면 먹고 갈래요?

男　别 8)_____ 我, 我是 9)_____ 的!
　　　놀리지 마요. 전 진지하단 말이에요!!

1)旅行 2)外宿 3)危险 4)到底 5)忍不住 6)可爱 7)进来 8)耍 9)认真

외박은 안 돼요. 131

Chapter 7 ♡
일상
约会

- 去书店约会 서점 데이트
- 祝你生日快乐！ 생일 축하해요!
- 见女朋友的闺蜜。 여친의 친구를 만나다.

Chapter 7
일상

去书店约会

서점 데이트

미리보기

白夏

书店是不错的约会地点。
shūdiàn shì búcuò de yuēhuì dìdiǎn.
서점은 진짜 괜찮은 데이트 장소예요.

我们有共同的爱好。
wǒmen yǒu gòngtóng de àihào.
우린 같은 취미가 있네요.

民浩

연애도 어휘가 필요해

🔊 19-1

이 과에서 배울 주요 단어입니다. 미리 익혀두세요.
✓ mp3를 들은 만큼 체크하며 공부해요.

☐☐☐ 书店 shūdiàn 서점, 책방
  + 书 shū 책
☐☐☐ 约会 yuēhuì 데이트
☐☐☐ 气氛 qìfēn 분위기
☐☐☐ 一~就 yí~jiù ~하기만 하면 ~하다
  + 一看书就困。 yí kàn shū jiù kùn 책만 보면 졸리다
☐☐☐ 到 dào 도착하다, (어느 곳에) 이르다
☐☐☐ 感觉 gǎnjué 느낌
☐☐☐ 舒服 shūfu (몸, 마음이) 편안하다, 안락하다
☐☐☐ 不错 búcuò 괜찮다, 좋다 (好 hǎo의 의미)
  + 没错 méicuò 맞다, 틀리지 않다 (对 duì의 의미)
☐☐☐ 地点 dìdiǎn 장소
  + 约会地点 Yuēhuì dìdiǎn 약속 장소
☐☐☐ 共同 gòngtóng 공통의
☐☐☐ 爱好 àihào 취미
☐☐☐ 小说 xiǎoshuō 소설
☐☐☐ 先 xiān 먼저, 우선
☐☐☐ 记得 jìde 기억하고 있다, 잊지 않고 있다
☐☐☐ 棒 bàng 좋다, 최고다

연애도 대화가 필요해

白夏

我真的喜欢书店的气氛。
wǒ zhēnde xǐhuan shūdiàn de qìfēn.

我也是! 我一到书店, 感觉就很舒服。
wǒ yě shì! wǒ yí dào shūdiàn, gǎnjué jiù hěn shūfu.

民浩

白夏

我也是这样的! 我觉得书店是不错的约会地点。
wǒ yě shì zhèyàng de! wǒ juéde shūdiàn shì búcuò de yuēhuì dìdiǎn.

我们有共同的爱好, 真的很幸福。
wǒmen yǒu gòngtóng de àihào, zhēnde hěn xìngfú.

民浩

白夏

你爱看小说吧? 我们先去看小说吧。
nǐ ài kàn xiǎoshuō ba? wǒmen xiān qù kàn xiǎoshuō ba.

哇, 你怎么还记得啊, 我的女朋友是最棒的!
wā, nǐ zěnme hái jìde a, wǒ de nǚpéngyou shì zuì bàng de!

民浩

백하	저는 서점 분위기가 참 좋아요.
민호	저도요! 서점만 오면 편안한 느낌이에요.
백하	저도 그래요! 서점은 진짜 괜찮은 데이트 장소 같아요.
민호	우리에게 같은 취미가 있다는 건 진짜 큰 행복이네요.
백하	소설 좋아하죠? 먼저 소설책부터 보러 가요.
민호	와, 어떻게 그걸 기억하고 있어요? 진짜 내 여자친구 최고네요!!

 # 연애도 공부가 필요해   🔊 19-3

• 데이트 코스 추천

在咖啡厅给对方写信。
zài kāfēitīng gěi duìfāng xiěxìn.
카페에서 서로에게 편지쓰기.

去公园散步, 做运动。
qù gōngyuán sànbù, zuò yùndòng.
공원에서 산책하고 운동하기.

在图书馆静静地看书, 偶尔聊几句。
zài túshūguǎn jìngjìng de kàn shū, ǒu'ěr liáo jǐ jù.
도서관에서 조용히 책을 보다, 가끔씩 수다 떨기.

去游乐园两个人拍照。
qù yóulèyuán liǎng ge rén pāizhào.
놀이공원에 가서 둘이 사진 찍기.

咖啡厅 kāfēitīng 카페 / 对方 duìfāng 상대방 / 写信 xiěxìn 편지를 쓰다 / 公园 gōngyuán 공원 / 散步 sànbù 산책하다
做运动 zuò yùndòng 운동하다 / 图书馆 túshūguǎn 도서관 / 静静地 jìngjìngde 조용히 / 偶尔 ǒu'ěr 간혹
聊 liáo 한담하다 / 游乐园 yóulèyuán 놀이공원 / 拍照 pāizhào 사진을 찍다

연애도 감성이 필요해

🔊 19-4

그 남자의 일기

这周末我们去书店约会了。
zhè zhōumò wǒmen qù shūdiàn yuēhuì le.

她还记得我爱看什么类型的书。
tā hái jìde wǒ ài kàn shénme lèixíng de shū.

她给我买了一本小说。
tā gěi wǒ mǎi le yì běn xiǎoshuō.

我能感到她有多么爱我。
wǒ néng gǎndào tā yǒu duōme ài wǒ.

#周末约会 #去书店约会 #好完美
#zhōumò yuēhuì #qù shūdiàn yuēhuì #hǎo wánměi

이번 주말엔 서점 데이트를 했다.

그녀는 내가 어떤 종류의 책을 좋아하는지 기억하고 있었다.

그녀는 내게 소설책 한 권을 사줬다.

그녀가 날 얼마나 사랑하는지 느낄 수 있었다.

#주말데이트 #서점데이트 #넘나 완벽한 것

🎵🎧 오늘의 선곡

这首歌的歌词写的是我们两个人的故事吗?
韩安旭<多幸运>
zhè shǒu gē de gēcí xiě de shì wǒmen liǎng ge rén de gùshi
ma? hán ān xù <duō xìngyùn>

이 노래 가사는 우리 두 사람의 스토리인 건가?
한안쉬 〈이 얼마나 행운인가〉

단어

类型 lèixíng 유형
买 mǎi 사다
本 běn [양사] 권 (책을 세는 단위)
能 néng ~할 수 있다
感到 gǎndào 느끼다
多么 duōme 얼마나
散列标签 sànliè biāoqiān 해시태그(#)
完美 wánměi 완벽하다
歌词 gēcí 가사
故事 gùshi 이야기
幸运 xìngyùn 행운이다, 행운

연애도 복습이 필요해

• 다음 설명을 읽고, 주어진 문장을 해석해보세요.

> 一 ~ 就~ : ~하기만 하면 ~하다.
> 하나의 동작이 발생한 이후 또 다른 동작이 바로 발생할 때
> Ex) 我一到书店, 感觉就很舒服. 서점에 오기만 하면 마음이 편하다.

1) 他们一见面就吵架。 ➡ .... * 吵架 chǎojià 말다툼하다

2) 他一看她就脸红。 ➡ .... * 脸红 liǎnhóng 얼굴이 빨개지다

3) 一生气就说分手。 ➡ .... * 分手 fēnshǒu 헤어지다

4) 为什么男人一结婚就发胖。 ➡ .... * 发胖 fāpàng 살이찌다

• 빈칸에 알맞은 단어를 넣어 달콤한 데이트를 코스를 완성해보세요.

| 보기 | 图书馆 | 咖啡厅 | 聊 | 公园 |
| | 游乐园 | 写信 | 做运动 | 拍照 |

5) 在(　　　)给对方(　　　)。　　카페에서 서로에게 편지 쓰기.

6) 去(　　　)散步, (　　　)。　　공원에서 산책하고 운동하기.

7) 在(　　　)静静地看书，偶尔(　　　)几句。　도서관에서 조용히 책을 보다, 가끔 수다떨기.

8) 去(　　　)两个人(　　　)。　　놀이공원에 가서 둘이 사진 찍기.

1)그들은 만나기만 하면 싸운다 2)그는 그녀만 보면 얼굴이 빨개진다 3)화만 나면 헤어지자고 말한다
4)왜 남자는 결혼만하면 살이 찌는가 5)咖啡厅 / 写信 6)公园 / 做运动 7)图书馆 / 聊 8)游乐园 / 拍照

서점 데이트

Chapter 7 일상

祝你生日快乐!
생일 축하해요!

미리보기

民浩

宝贝, 祝你生日快乐!
bǎobèi, zhù nǐ shēngrì kuàilè!
자기, 생일 축하해요!

真是不能不爱你呀。
zhēn shì bù néng bú ài nǐ ya.
정말 사랑하지 않을 수가 없네요.

白夏

 연애도 어휘가 필요해

🔊 20-1

이 과에서 배울 주요 단어입니다. 미리 익혀두세요.
✓ mp3를 들은 만큼 체크하며 공부해요.

□□□ 祝 zhù 축하하다
□□□ 生日 shēngrì 생일
□□□ 快乐 kuàilè 즐겁다, 유쾌하다
+ 祝你生日快乐。 zhù nǐ shēngrì kuàilè. 생일 축하해요.
□□□ 手里 shǒulǐ 손 안
□□□ 拿 ná (손으로) 쥐다, 들다
+ 拿着 ná zhe 들고서, 든 채로
□□□ 东西 dōngxi 물건
□□□ 礼物 lǐwù 선물
□□□ 亲手 qīnshǒu 직접, 손수
□□□ 海带汤 hǎidàitāng 미역국
□□□ 还有 háiyǒu 그리고, 또한
□□□ 相机 xiàngjī 카메라 (=照相机 zhàoxiàngjī)
□□□ 天哪 tiān na [감탄사] 세상에, 어머나
+ 我的天哪 wǒ de tiān na 오 마이 갓
□□□ 贵 guì 비싸다
□□□ 多 duō 많이
□□□ 拍照 pāizhào 사진을 찍다
□□□ 留下 liúxià 남기다
□□□ 美好 měihǎo 아름답다, 훌륭하다
□□□ 日子 rìzi 날, 시간, 시절, 때

생일 축하해요! 141

연애도 대화가 필요해

宝贝，祝你生日快乐!
bǎobèi, zhù nǐ shēngrì kuàilè!

民浩

白夏

谢谢你，你怎么手里拿着这么多东西?
xièxie nǐ, nǐ zěnme shǒulǐ ná zhe zhème duō dōngxi?

都是你的生日礼物，这是我亲手做的海带汤，
还有这个是上次我们一起看的相机。
dōu shì nǐ de shēngrì lǐwù, zhè shì wǒ qīnshǒu zuò de hǎidàitāng,
háiyǒu zhè ge shì shàngcì wǒmen yìqǐ kàn de xiàngjī.

民浩

白夏

天哪，干嘛买这么贵的相机?
tiān na, gànmá mǎi zhème guì de xiàngjī?

多拍照啊，多留下我们美好的日子。
duō pāizhào a, duō liúxià wǒmen měihǎo de rìzi.

民浩

白夏

你这个男人，真是不能不爱你呀。
nǐ zhè ge nánrén, zhēn shì bù néng bú ài nǐ ya.

민호　자기, 생일 축하해요!
백하　고마워요. 뭘 그렇게 잔뜩 들고 있어요?
민호　당신 생일 선물. 이건 직접 끓인 미역국 그리고 이건 지난 번에 같이 봤던 카메라.
백하　세상에, 뭐 한다고 이렇게 비싼 카메라를 샀어요?
민호　사진 많이 찍게요. 우리 예쁜 날들 많이 남겨 둬야죠.
백하　당신이란 남자, 정말 사랑하지 않을 수가 없네요.

 ## 연애도 공부가 필요해 20-3

- 잊지 못할 생일 만들기

唱一首感动的情歌。
chàng yì shǒu gǎndòng de qínggē.
감동적인 사랑 노래 한 곡 부르기.

给对方做一桌子菜。
gěi duìfāng zuò yì zhuōzi cài.
상대방에게 한 상 차려주기.

真心诚意地写情书。
zhēnxīnchéngyì de xiě qíngshū.
진심과 정성을 담아 편지쓰기.

送对方平时想要的东西。
sòng duìfāng píngshí xiǎng yào de dōngxi.
상대방이 평소에 갖고 싶어 했던 것 선물해주기.

感动 gǎndòng 감동하다 / **情歌** qínggē 사랑을 주제로 하는 노래 / **桌子** zhuōzi 탁자
真心诚意 zhēnxīnchéngyì 진심, 성심성의 / **情书** qíngshū 연애편지
送 sòng 주다, 선물하다 / **平时** píngshí 평소 / **想要的** xiǎngyào de 원하는

연애도 감성이 필요해

🔊 20-4

그 남자의 일기

今天是她的生日。
jīntiān shì tā de shēngrì.

第一次一起过生日，所以我想让她幸福。
dì yī cì yìqǐ guò shēngrì, suǒyǐ wǒ xiǎng ràng tā xìngfú.

为了好好留下美好的日子，我给了他一部相机。
wèi le hǎohao liúxià měihǎo de rìzi, wǒ gěi tā le yí bù xiàngjī.

幸好她非常开心。
xìnghǎo tā fēicháng kāixīn.

我的宝贝，祝你生日快乐!
wǒ de bǎobèi, zhù nǐ shēngrì kuàilè!

오늘은 그녀의 생일이다.
처음으로 함께 보내는 생일이라 특별하게 해주고 싶었다.
우리의 아름다운 날들을 잘 남겨두고 싶어서,
그녀에게 카메라를 선물했다. 다행히 그녀가 무척 기뻐했다.
내 보물, 생일 축하해요!

🎧 오늘의 선곡

我希望你喜欢这首歌。周晓畅 <祝你生日快乐>
wǒ xīwàng nǐ xǐhuan zhè shǒu gē.
zhōu xiǎo chàng <zhù nǐ shēngrì kuàilè>

당신이 이 노래를 좋아해주면 좋겠어요. 조우샤오창 〈생일 축하해요〉

단어

让 ràng ~하게 하다
为了 wèi le ~를 위하여
部 bù [양사] 대 (기계 등)
*카메라를 셀 수 있는 양사
部 bù / 台 tái / 架 jià
幸好 xìnghǎo 다행히
开心 kāixīn 기쁘다

 # 연애도 복습이 필요해

• 빈칸에 알맞은 단어를 넣어 잊지 못할 생일을 완성해보세요.

보기	平时	海带汤	送	写
	唱	做	情歌	情书

1) (　)对方(　)想要的东西。　　상대방이 평소에 갖고 싶어 했던 것 선물해주기.

2) 给对方(　)(　)。　　상대방에게 미역국 끓여주기.

3) 真心诚意地(　)(　)。　　진심과 정성을 담은 편지 쓰기.

4) (　)一首感动的(　)。　　감동적인 사랑 노래 한 곡 부르기.

• 한글 문장을 참고하여, 중국어로 생일 카드를 완성해보세요.

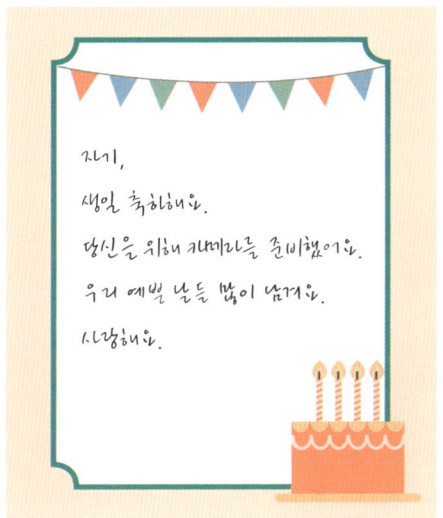

1)送, 平时 2)做, 海带汤 3)写, 情书 4)唱, 情歌
5)祝你生日快乐, 为你准备了相机。我们多留下美好的日子吧。

见女朋友的闺蜜。

여친의 친구를 만나다.

미리보기

民浩

马上要见你的朋友们了。
mǎshàng yào jiàn nǐ de péngyoumen le.
곧 자기 친구들 만나네요.

今天你一定要好好表现。
jīntiān nǐ yídìng yào hǎohao biǎoxiàn.
오늘 진짜 잘해야 해요.

白夏

연애도 어휘가 필요해

🔊 21-1

이 과에서 배울 주요 단어입니다. 미리 익혀두세요.
☑ mp3를 들은 만큼 체크하며 공부해요.

- ☐☐☐ 闺蜜 guīmì 여자 사이의 베스트 프렌드를 일컫는 말
- **+ 哥们儿** gēmenr 형제 같은 친구, 단짝 친구
- ☐☐☐ 马上 mǎshàng 곧, 바로, 금방
- ☐☐☐ 紧张 jǐnzhāng 긴장해 있다, 불안하다
- ☐☐☐ 又不是 yòu bú shì [구어] ~도 아니고 (강조)
- ☐☐☐ 父母 fùmǔ 부모
- ☐☐☐ 怎么 zěnme 어떻게
- **+ 怎么看** zěnme kàn 어떻게 보는지, 어떻게 생각하는지
- ☐☐☐ 一定 yídìng 반드시, 꼭
- ☐☐☐ 好好 hǎohao [구어] 잘, 제대로
- ☐☐☐ 表现 biǎoxiàn 표현하다, 행동하다
- ☐☐☐ 遇到 yùdào 만나다, (인연을) 만나다, 조우하다
- ☐☐☐ 故事 gùshi 이야기, 옛날 이야기
- ☐☐☐ 比如 bǐrú 예를 들면
- ☐☐☐ 前男友 qiánnányou 전 남자친구
- **+ 前女友** qiánnǚyou 전 여자친구
- ☐☐☐ 一直 yìzhí 줄곧
- ☐☐☐ 贴 tiē 바싹 붙다, 아주 가깝게 달라붙다
- ☐☐☐ 旁边 pángbiān 옆, 곁, 근처

솔로
설렘
밀당
고백
시작
키스

Chapter 7
일상

냉전
결혼
현실

여친의 친구를 만나다. 147

연애도 대화가 필요해

马上要见你的朋友们了，我好紧张。
mǎshàng yào jiàn nǐ de péngyoumen le, wǒ hǎo jǐnzhāng.

民浩

白夏

又不是见我父母，紧张什么呀？
yòu búshì jiàn wǒ fùmǔ, jǐnzhāng shénme ya?

我真的很想知道你的朋友们怎么看我。
wǒ zhēnde hěn xiǎng zhīdào nǐ de péngyoumen zěnme kàn wǒ.

民浩

白夏

我跟她们说"我男朋友最棒"，
所以今天你一定要好好表现。
wǒ gēn tāmen shuō "wǒ nánpéngyou zuì bàng",
suǒyǐ jīntiān nǐ yídìng yào hǎohao biǎoxiàn.

你不在时，我要问她们'你遇到我以前的故事'。
比如，你的前男友。
nǐ bú zài shí, wǒ yào wèn tāmen 'nǐ yùdào wǒ yǐqián de gùshi'.
bǐrú, nǐ de qiánnányou.

民浩

白夏

不行不行，我要一直贴在你旁边！
bù xíng bù xíng, wǒ yào yìzhí tiē zài nǐ pángbiān!

민호	곧 자기 친구들 만나네요. 나 지금 엄청 긴장한 것 같아요.
백하	부모님 만나는 것도 아닌데 뭐가 긴장돼요.
민호	자기 친구들은 나를 어떻게 생각할지 정말 궁금해요.
백하	제 친구들한테 "내 남친이 최고"라고 이야기해 뒀으니까 오늘 진짜 잘해야 해요.
민호	자기 없을 때 당신 옛날 얘기 좀 물어봐야지. 전 남친이라거나.
백하	안 돼 안 돼. 자기 옆에 꼭 붙어있어야겠다!

 # 연애도 공부가 필요해 　🔊 21-3

- 여자친구의 친구를 만날 때 주의할 점

穿着不要太随便。
chuānzhuó bú yào tài suíbiàn.
옷차림은 너무 편하지 않게.

少说话，多微笑。
shǎo shuōhuà, duō wēixiào.
말은 적게, 미소는 많이.

要记住赞美女朋友。
yào jìzhu zànměi nǚpéngyou.
여자친구 칭찬하는 것 잊지 말기.

好好表现你的稳重。
hǎohao biǎoxiàn nǐ de wěnzhòng.
당신의 진중함을 보여주기.

穿着 chuānzhuó 옷차림 / 说话 shuōhuà 말을 하다 / 微笑 wēixiào 미소, 미소 짓다
记住 jìzhu 기억해 두다 / 赞美 zànměi 찬미하다, 칭찬하다 / 稳重 wěnzhòng 진중하다

여친의 친구를 만나다.

 # 연애도 감성이 필요해

🔊 21-4

그 남자의 일기

我第一次见女友的闺蜜们。
wǒ dì yī cì jiàn nǚyǒu de guīmìmen.

她向朋友们介绍我，是为我骄傲的意思吧。
tā xiàng péngyoumen jièshào wǒ, shì wèi wǒ jiāo'ào de yìsi ba.

可是我好像不太习惯这样的场合。
kěshì wǒ hǎoxiàng bú tài xíguàn zhèyàng de chǎnghé.

回到家后，头有点疼。
huídào jiā hòu, tóu yǒudiǎn téng.

见女友的闺蜜，真不容易啊。
jiàn nǚyǒu de guīmì, zhēn bùróngyì a.

처음으로 그녀의 친구들을 만났다.

친구들에게 날 소개해준다는 건,

날 자랑스러워한다는 뜻이겠지.

근데 이런 자리가 익숙하지 않아서인지,

집에 돌아오니 머리가 좀 아프다.

여자친구의 절친을 만나는 거, 쉽지 않네.

🎵 오늘의 선곡

恋爱真不简单，不知道我该怎么办!
听首歌吧。南拳妈妈 <What can I do>
liàn'ài zhēn bù jiǎndān, bù zhīdào wǒ gāi zěnmebàn!
tīng shǒu gē ba! – nánquán māma <What can I do>

연애는 쉽지가 않구나. 뭘 어떻게 해야 할지 모르겠다!
노래나 듣자. 난취엔마마 <what can I do>

단어

闺蜜 guīmì 여자 사이의 절친, 베프
介绍 jièshào 소개하다
为 wèi ~때문에, ~로 인해
骄傲 jiāo'ào 자랑스럽다
意思 yìsi 의미, 뜻
习惯 xíguàn 적응하다, 익숙해지다
场合 chǎnghé 특정한 장소
回到 huídào 되돌아오다
后 hòu (순서상으로)뒤의, 후의
头 tóu 머리
疼 téng 아프다
容易 róngyì 쉽다
怎么办 zěnmebàn 어떻게 하나? 어떡하지?

연애도 복습이 필요해

• 빈칸에 알맞은 말을 보기에서 고르세요.

> **보기** 棒   旁边   马上   不在   又
> 怎么看   以前的故事   紧张   贴

男 1)_____要见你的朋友们了, 我好 2)_____。
곧 자기 친구들 만나네요, 나 지금 엄청 긴장한 것 같아요.

女 3)_____不是见我父母, 紧张什么呀?
부모님 만나는 것도 아닌데 뭐가 긴장돼요?

男 我真的很想知道你的朋友们 4)_____我。
자기 친구들은 나를 어떻게 생각할지 정말 궁금해요.

女 我跟她们说 "我男朋友最 5)_____", 所以今天你一定要好好表现。
제 친구들한테 "내 남친이 최고"라고 이야기해 뒀으니까, 오늘 진짜 잘해야 해요.

男 你 6)_____时, 我要问她们 '你遇到我 7)_____'。
比如, 你的前男友。
자기 없을 때 당신 옛날 얘기 좀 물어봐야지 전 남친이라거나.

女 不行不行, 我要一直 8)_____在你 9)_____ !
안 돼 안 돼, 자기 옆에 꼭 붙어있어야겠다!

1)马上 2)紧张 3)又 4)怎么看 5)棒 6)不在 7)以前的故事 8)贴 9)旁边

Chapter 8 ♡
냉전
冷战

- 她怎么了？ 그녀가 왜 그러지?
- 我们需要点时间。 우리 시간을 좀 가져요.
- 没有你不行。 당신 없인 안 돼요.

Chapter 8
냉전

她怎么了?
그녀가 왜 그러지?

미리보기

民浩

有什么事吗?
yǒu shénme shì ma?
무슨 일 있어요?

没有, 没什么。
méiyǒu, méi shénme.
없어요. 아무것도.

白夏

연애도 어휘가 필요해

22-1

이 과에서 배울 주요 단어입니다. 미리 익혀두세요.
✓ mp3를 들은 만큼 체크하며 공부해요.

□□□ 怎么了 zěnme le 어떻게 된 거야, 무슨 일이야

□□□ 晚饭 wǎnfàn 저녁밥
　　+ 午饭 wǔfàn 점심밥 / 早饭 zǎofàn 아침밥

□□□ 饿 è 배고프다

□□□ 随便 suíbiàn 마음대로, 좋을 대로
　　+ 随你的便 suí nǐ de biàn 당신 마음대로 하세요

□□□ 咦 yí [감탄사] 이상함과 놀람을 나타냄

□□□ 脸色 liǎnsè 안색, 표정
　　+ 看~的脸色 kàn~de liǎnsè ~의 눈치를 살피다, ~의 눈치를 보다

□□□ 没什么 méi shénme 괜찮다, 문제없다, 별것 아니다

□□□ 生气 shēngqì 화내다, 성나다

□□□ 错 cuò 잘못
　　+ 做错 zuò cuò 잘못하다

□□□ 费心 fèixīn 마음을 쓰다, 걱정하다, 염려하다

그녀가 왜 그러지? 155

연애도 대화가 필요해

22-2

亲爱的, 我们晚饭吃什么? 我好饿。
qīn'àide, wǒmen wǎnfàn chī shénme? wǒ hǎo è.

民浩

白夏

随你的便。
suí nǐ de biàn.

咦? 你脸色怎么这么不好? 有什么事吗?
yí? nǐ liǎnsè zěnme zhème bù hǎo? yǒu shénme shì ma?

民浩

白夏

没有, 没什么。
méiyǒu, méi shénme.

怎么了? 你生气了吗? 是不是我做错了什么?
zěnme le? nǐ shēngqì le ma? shìbushì wǒ zuò cuò le shénme?

民浩

白夏

我没生气。你不要费心了。
wǒ méi shēngqì. nǐ bú yào fèixīn le.

민호	자기, 우리 저녁에 뭐 먹을까요? 나 너무 배고파요.
백하	마음대로 하세요.
민호	잉? 표정이 왜 이렇게 안 좋아요? 무슨 일 있어요?
백하	없어요. 별거 아니에요.
민호	왜 그래요? 화났어요? 제가 뭐 잘못했나요?
백하	저 화 안 났어요. 신경 쓰지 마요.

 # 연애도 공부가 필요해

22-3

• 여자친구 달래기

马上认错(不管谁对谁错)。
mǎshàng rèncuò (bùguǎn shéi duì shéi cuò).
즉시 잘못을 인정해라(누가 잘못했든).

给她买点甜的东西。
gěi tā mǎi diǎn tián de dōngxi.
달콤한 것을 사다 주어라.

她最在乎的就是你懂不懂她。
tā zuì zàihu de jiùshì nǐ dǒngbudǒng tā.
그녀가 가장 신경 쓰는 것은 당신이 그녀를 이해하는지 아닌지이다.

女人喜欢这一句, "你漂亮, 你可以任性?"
nǚrén xǐhuan zhè yí jù, "nǐ piàoliang, nǐ kěyǐ rènxìng?"
여자는 이 말을 좋아한다. "예쁘면 다야?"

认错 rèncuò 잘못을 인정하다 / **不管** bùguǎn ~에 관계없이 / **甜** tián 달다
在乎 zàihu 마음속에 두다, 신경 쓰다 / **懂** dǒng 이해하다 / **任性** rènxìng 제멋대로 하다

연애도 감성이 필요해

22-4

그 남자의 일기

最近我们俩都很忙，今天终于见面了。
zuìjìn wǒmen liǎ dōu hěn máng, jīntiān zhōngyú jiànmiàn le.

可是好久不见的她，有点奇怪。
kěshì hǎo jiǔ bú jiàn de tā, yǒudiǎn qíguài.

她脸色不好，不过她一直说"没什么"。
tā liǎnsè bù hǎo, búguò tā yìzhí shuō "méishénme".

好好哄她，送她到家门口，可是为什么这么忐忑呢？
hǎohao hǒng tā, sòng tā dào jiā ménkǒu, kěshì xīnqíng wèishénme zhème tǎntè ne?

她怎么了？
tā zěnme le?

최근 우리 둘 다 바빴다가 드디어 오늘 만났다.

그런데 오랜만에 만난 그녀는 조금 이상했다.

표정은 안 좋으면서, 말로는 별거 아니라고 했다.

그녀를 달래고 집 앞까지 데려다줬는데 왜 이렇게 찝찝하지?

그녀가 왜 그러지?

오늘의 선곡

没想到我会听这首歌。葛林 <爱太难>
méixiǎngdào wǒ huì tīng zhè shǒu gē - gě lín <ài tài nán>

내가 이 노래를 듣게 될 줄은. 거린 〈사랑 참 어렵다〉

단어

俩 liǎ 두 사람
忙 máng 바쁘다
终于 zhōngyú 드디어
好久 hǎojiǔ (시간이)오래다
不过 búguò 그러나
一直 yìzhí 줄곧, 계속
哄 hǒng 어르다, 달래다
门口 ménkǒu 입구, 현관
忐忑 tǎntè 마음이 불안하다
没想到 méixiǎngdào 생각지 못하다

 # 연애도 복습이 필요해

- 주어진 단어를 활용해 문장을 완성해보세요.

1) 나 너무 배고파요. ➡ (好)

2) 당신 마음대로 하세요. ➡ (随便)

3) 표정이 왜 이렇게 안 좋아요? ➡ (怎么这么)

4) 무슨 일 있어요? ➡ (有~吗, 什么)

5) 별거 아니에요. ➡ (没)

6) 제가 뭐 잘못했나요? ➡ (是不是 / 做错)

7) 저 화 안 났어요. ➡ (没)

8) 신경 쓰지 마세요. ➡ (费心)

9) 그녀가 왜 그러지? ➡ (怎么)

1) 我好饿 2) 随你的便 3) 脸色怎么这么不好 4) 有什么事吗 5) 没什么
6) 是不是我做错了什么 7) 我没生气 8) 不要费心了 9) 她怎么了

Chapter 8
냉전

我们需要点时间。
우리 시간을 좀 가져요.

미리보기

白夏

你是不是不爱我了?
nǐ shìbushì bú ài wǒ le?
당신 날 더 이상 사랑하지 않는 거죠?

什么意思?
shénme yìsi?
무슨 뜻이에요?

民浩

연애도 어휘가 필요해

이 과에서 배울 주요 단어입니다. 미리 익혀두세요.
✓ mp3를 들은 만큼 체크하며 공부해요.

☐☐☐ 需要 xūyào 필요하다, 요구되다
☐☐☐ 时间 shíjiān 시간
☐☐☐ 意思 yìsi 의미, 뜻
   + 什么意思 shénme yìsi 무슨 의미입니까?
☐☐☐ 联系 liánxì 연락하다
☐☐☐ 越来越 yuèláiyuè 점점 더, 갈수록
   + 越来越少 yuèláiyuè shǎo 점점 적어지다, 점점 줄어들다
☐☐☐ 周末 zhōumò 주말
☐☐☐ 好像 hǎoxiàng 마치 ~같다
☐☐☐ 淡 dàn (감정이) 식다, (농도가) 낮다, (맛이) 약하다
   + 变淡 biàn dàn 옅어지다, 식다
☐☐☐ 公司 gōngsī 회사
☐☐☐ 忙 máng 바쁘다
☐☐☐ 嘛 ma 당연함을 나타내는 어기 조사
   + 忙嘛 máng ma 바쁘잖아, 바쁘잖아요
☐☐☐ 对~来说 duì~láishuō ~에게 있어서, ~의 입장에서 보면
   + 对你来说 duì nǐ láishuō 당신에게 있어서
☐☐☐ 比 bǐ ~에 비해, ~에 비하여
☐☐☐ 重要 zhòngyào 중요하다
☐☐☐ 喂 wèi (부르는 소리) 어이, 이봐

연애도 대화가 필요해 🔊 23-2

白夏

你是不是不爱我了?
nǐ shìbushì bú ài wǒ le?

什么意思?
shénme yìsi?
民浩

白夏

联系越来越少了,周末还不来看我,
好像你的爱变淡了。
liánxì yuèláiyuè shǎo le, zhōumò hái bù lái kàn wǒ,
hǎoxiàng nǐ de ài biàn dàn le.

你想太多了,最近我公司很忙嘛。
nǐ xiǎng tài duō le, zuìjìn wǒ gōngsī hěn máng ma.

民浩

白夏

对你来说,公司比我还重要? 我们需要点时间。
duì nǐ láishuō, gōngsī bǐ wǒ hái zhòngyào? wǒmen xūyào diǎn shíjiān.

不是这个意思! 你听我说~ 喂, 你去哪儿?
bú shì zhè ge yìsi! nǐ tīng wǒ shuō~ wèi, nǐ qù nǎr?

民浩

백하	당신 날 더 이상 사랑하지 않는 거죠?
민호	무슨 뜻이에요?
백하	연락도 줄고, 주말에도 만나러 오지 않고, 사랑이 식은 것 같아요.
민호	당신 생각이 너무 많은 거예요. 요즘 회사가 너무 바쁘잖아요.
백하	당신에겐 저보다 회사가 더 중요한 거죠? 우리 시간을 좀 가져요.
민호	그런 뜻이 아니에요! 내 말 좀 들어봐요~ 저기, 어디가요?

 # 연애도 공부가 필요해 🔊 23-3

- 남녀 사이 오해가 생기는 이유

因为男人更理性,
yīnwèi nánrén gèng lǐxìng,
남자는 더 이성적이기 때문이고,

因为女人更感性。
yīnwèi nǚrén gèng gǎnxìng.
여자는 더 감성적이기 때문이다.

因为两人信任不够,
yīnwèi liǎng rén xìnrèn bú gòu,
두 사람의 신뢰가 부족하기 때문이고,

因为不能站在对方立场上考虑, 感受。
yīnwèi bù néng zhàn zài duìfāng lìchǎng shang kǎolǜ, gǎnshòu.
상대방의 입장에서 생각하고, 느낄 수 없기 때문이다.

理性 lǐxìng 이성적이다 / **感性** gǎnxìng 감성적인 / **信任** xìnrèn 신임하다, 신뢰하다
不够 bú gòu 부족하다, 불충분하다 / **站** zhàn 서다 / **立场** lìchǎng 입장, 관점
考虑 kǎolǜ 생각하다, 고려하다 / **感受** gǎnshòu 느끼다

우리 시간을 좀 가져요. 163

 연애도 감성이 필요해

그 남자의 일기

她脸色还是不太好。
tā liǎnsè háishì bú tài hǎo.

她突然对我说,'我不爱她了。'
tā tūrán duì wǒ shuō, 'wǒ bú ài tā le.'

然后不听我说的,就走了。
ránhòu bù tīng wǒ shuō de, jiù zǒu le.

你怎么可以这样留下我一个人,太难受了,真的受不了。
nǐ zěnme kěyǐ zhèyàng liúxià wǒ yí ge rén, tài nánshòu le, zhēnde shòubuliǎo.

"我们需要点时间。" 这句话是什么意思?
"wǒmen xūyào diǎn shíjiān." zhè jù huà shì shénme yìsi?

그녀의 표정은 여전히 좋지 않았다.

갑자기 '내가 그녀를 사랑하지 않는다'고 말하더니

내 말을 들어보지 않고, 그대로 떠나갔다.

어떻게 이렇게 나 혼자 둘 수 있어요, 힘들어요, 못 견디겠어요.

"우리 시간을 좀 가져요."라는 말은 무슨 의미인 걸까?

🎵 오늘의 선곡

这首歌代表我的心。零点乐队 <不是不爱你>
zhè shǒu gē dàibiǎo wǒ de xīn - língdiǎn yuèduì <bú shì bú ài nǐ>

이 노래가 내 마음을 대신하네.
링디엔 band <너를 사랑하지 않는 게 아니야>

단어

留 liú 남기다
难受 nánshòu 괴롭다, 슬프다
受不了 shòubuliǎo 견딜 수 없다
代表 dàibiǎo 대신하다, 나타내다
零点 língdiǎn 밤 12시
乐队 yuèduì 밴드, 그룹

연애도 복습이 필요해

- 전철역, 카페 등에서 흔히 엿볼 수 있는 커플의 말다툼 상황입니다.
  보기를 참고하여 빈칸을 채워보세요.

보기	意思	怎么了	公司	变淡
	需要	想太多了	不爱我了	重要

1) 男的: 你又(　　　)?　　　　　　　또 왜 그러는 거예요?

　 女的: 好像你的爱(　　　)了。　　당신 사랑이 식은 것 같아요.

2) 女的: 我们 (　　　)点时间。　　　우리 시간을 좀 가져요.

　 男的: 是什么 (　　　)?　　　　　그게 무슨 뜻이에요?

3) 男的: 对不起, 最近(　　　)很忙嘛~　　미안해요, 요즘 회사가 많이 바쁘잖아요~

　 女的: 你对不起什么呀? 公司比我还(　　　)吗?　뭐가 미안한데요? 회사가 저보다 중요해요?

4) 男的: 别这样, 你(　　　)。　　　이러지 마요. 당신은 생각이 너무 많아요.

　 女的: 你(　　　), 我先走了。　　당신은 날 사랑하지 않아요. 먼저 갈게요.

1)怎么了 / 变淡 2)需要 / 意思 3)公司 / 重要 4)想太多了 / 不爱我了

우리 시간을 좀 가져요.

Chapter 8
냉전

没有你不行。
당신 없인 안 돼요.

미리보기

所以你想说什么?
suǒyǐ nǐ xiǎng shuō shénme?
그래서 무슨 말이 하고 싶은 거예요?

民浩

我想说...
wǒ xiǎng shuō...
제가 하고 싶은 말은...

白夏

연애도 어휘가 필요해

🔊 24-1

이 과에서 배울 주요 단어입니다. 미리 익혀두세요.
✓ mp3를 들은 만큼 체크하며 공부해요.

☐☐☐ 认真 rènzhēn 진지하다, 진솔하다
☐☐☐ 我们俩 wǒmen liǎ 우리 둘
☐☐☐ 关系 guānxi 관계
☐☐☐ 拜托 bàituō 부탁하다
  + 拜托你 bàituō nǐ 부탁드립니다
☐☐☐ 再见 zàijiàn 안녕, 안녕히 가세요
  + 拜拜 báibai 바이바이(bye-bye), 안녕
☐☐☐ 彼此 bǐcǐ 피차, 서로
☐☐☐ 了解 liǎojiě 이해하다, 자세하게 알다
☐☐☐ 不够 bú gòu 부족하다, 충분하지 않다
☐☐☐ 所以 suǒyǐ 그래서, 그러므로
☐☐☐ 世界 shìjiè 세계, 세상
☐☐☐ 只有 zhǐyǒu ~만 있다, ~밖에 없다
  + 只有你 zhǐyǒu nǐ 당신 밖에 없다, 너뿐이다

당신 없인 안 돼요. 167

연애도 대화가 필요해 🔊 24-2

白夏

我认真想了我们俩的关系。
wǒ rènzhēn xiǎng le wǒmen liǎ de guānxi.

拜托你, 不要说再见。
bàituō nǐ, bú yào shuō zàijiàn.
民浩

白夏

我觉得我们对彼此的了解还不够。
wǒ juéde wǒmen duì bǐcǐ de liǎojiě hái bú gòu.

所以你想说什么? 我还是很爱你啊!
suǒyǐ nǐ xiǎng shuō shénme? wǒ háishi hěn ài nǐ a!
民浩

白夏

我想说, 我的意思就是我没有你不行！
wǒ xiǎng shuō, wǒ de yìsi jiùshì wǒ méiyǒu nǐ bù xíng!

这次我也知道了, 我的世界只有你一个人。
zhè cì wǒ yě zhīdào le, wǒ de shìjiè zhǐyǒu nǐ yí ge rén.
民浩

백하	우리 두사람에 대해 진지하게 생각했어요.
민호	부탁해요, 헤어지자는 말은 하지 마요.
백하	제 생각엔, 우린 서로에 대한 이해가 부족했던 것 같아요.
민호	그래서 무슨 말이 하고 싶은 거예요? 전 여전히 당신 사랑해요!
백하	제가 하고 싶은 말은, 제 말 뜻은 당신 없인 안 된다고요!
민호	이번에 저도 알게 되었어요. 내 세상엔 당신뿐이라는 거.

 # 연애도 공부가 필요해

24-3

• 떠나는 마음 붙잡기

不能没有你。
bù néng méiyǒu nǐ.
당신 없인 안 돼요.

我死都不走。
wǒ sǐ dōu bù zǒu.
죽어도 안 떠날 거예요.

我绝对不放开你的手。
wǒ juéduì bú fàngkāi nǐ de shǒu.
당신 손 절대 안 놓을 거예요.

我想和你一起变老。
wǒ xiǎng hé nǐ yìqǐ biàn lǎo.
당신과 함께 늙어가고 싶어요.

走 zǒu 떠나다 / 绝对 juéduì 절대로, 반드시 / 放开 fàngkāi 놓다, 놓아주다 / 老 lǎo 늙다

연애도 감성이 필요해

🔊 24-4

단어
考虑 kǎolǜ 고려하다, 생각하다
星期 xīngqī 요일, 주
难过 nánguò 고통스럽다, 괴롭다
经过 jīngguò 거치다, 겪다
段 duàn [양사] 동안, 얼마간
回来 huílai 되돌아오다
放开 fàngkāi 놓아주다, 풀어주다
眼 yǎn 눈

그 남자의 일기

这几天，我们认真想了我们两个人的关系。
zhè jǐ tiān, wǒmen rènzhēn xiǎng le wǒmen liǎng ge rén de guānxi.

不见她的几个星期，我真的很难过，
每天都特别想她。
bú jiàn tā de jǐ ge xīngqī, wǒ zhēnde hěn nánguò,
měitiān dōu tèbié xiǎng tā.

经过这段时间，我知道了。
jīngguò zhè duàn shíjiān, wǒ zhīdào le.

我真的真的很爱她。
wǒ zhēnde zhēnde hěn ài tā.

宝贝，谢谢你回来！没有你不行。
bǎobèi, xièxie nǐ huílai! méiyǒu nǐ bù xíng.

요 며칠, 우리는 두 사람의 관계에 대해 진지하게 생각해보았다.
그녀를 만나지 못한 몇 주 동안 나는 너무 괴로웠고,
날마다 그녀가 너무 그리웠다.
이 시간을 통해 알게 되었다.
내가 그녀를 정말 정말 사랑하고 있다는 것.
내 사랑, 돌아와줘서 고마워요! 당신 없인 안 돼요.

🎵🎧 오늘의 선곡

我死都不会放开你的手。
今天要听这一首。林宥嘉 <你是我的眼>
wǒ sǐ dōu bú huì fàngkāi nǐ de shǒu.
jīntiān yào tīng zhè yì shǒu. lín yòu jiā <nǐ shì wǒ de yǎn>

죽어도 당신 손 안 놓을 거야.
오늘은 이 노래 들어야지. 린요지아 〈당신은 나의 눈〉

연애도 복습이 필요해

• 세상에서 가장 달콤한 커플 문장 10선입니다. 알맞은 것끼리 연결하세요.

1) 我真的真的爱你。　♡　　　　　　　　♥ ⓐ 여전히 당신을 사랑해요.

2) 不要说再见。　♡　　　　　　　　♥ ⓑ 진짜 진짜 사랑해요.

3) 我还是爱你。　♡　　　　　　　　♥ ⓒ 당신 없이는 안 돼요.

4) 不能没有你。　♡　　　　　　　　♥ ⓓ 헤어지자는 말은 하지 마요.

5) 我死都不走。　♡　　　　　　　　♥ ⓔ 당신과 함께 늙어가고 싶어요.

6) 我绝对不放开你的手。　♡　　　　　　　　♥ ⓕ 죽어도 안 떠날 거예요.

7) 我想和你一起变老。　♡　　　　　　　　♥ ⓖ 당신 손 절대 안 놓을 거예요.

8) 我的世界只有你一个人。　♡　　　　　　　　♥ ⓗ 내 세상엔 당신뿐이에요.

9) 每天都特别想你。　♡　　　　　　　　♥ ⓘ 매일매일 당신이 정말 보고싶어요.

10) 谢谢你, 我的宝贝。　♡　　　　　　　　♥ ⓙ 고마워요, 내 자기.

1)-ⓑ 2)-ⓓ 3)-ⓐ 4)-ⓒ 5)-ⓕ 6)-ⓖ 7)-ⓔ 8)-ⓗ 9)-ⓘ 10)-ⓙ

Chapter 9

결혼
结婚

- **我们结婚吧。** 우리 결혼해요.
- **美好的三个字** 아름다운 세 글자
- **甜蜜的新婚生活** 알콩달콩 신혼생활

Chapter 9
결혼

我们结婚吧。

우리 결혼해요.

미리보기

民浩

你愿意做我老婆吗?
nǐ yuànyì zuò wǒ lǎopó ma?
제 아내가 되어주시겠습니까?

你要做我老公吗?
nǐ yào zuò wǒ lǎogōng ma?
제 남편이 되어주시겠습니까?

白夏

연애도 어휘가 필요해

🔊 25-1

이 과에서 배울 주요 단어입니다. 미리 익혀두세요.
✓ mp3를 들은 만큼 체크하며 공부해요.

☐☐☐ 结婚 jiéhūn 결혼하다

☐☐☐ 月 yuè 월 (날짜)

☐☐☐ 号 hào 일 (날짜)

　+ 日 rì 일 (날짜) 주로 서면에 사용

☐☐☐ 举办 jǔbàn 거행하다, 개최하다

☐☐☐ 婚礼 hūnlǐ 결혼식

☐☐☐ 求婚 qiúhūn 구혼하다, 프로포즈하다

☐☐☐ 不像话 bú xiàng huà [구어] 말이 안 된다

☐☐☐ 不懂 bù dǒng 모르다, 이해하지 못하다

☐☐☐ 浪漫 làngmàn 낭만적이다, 로맨틱하다

☐☐☐ 老天爷 lǎotiānyé 하느님, 하늘이시여

☐☐☐ 女人 nǚren 여인, 여성 (마누라, 집사람의 의미도 포함)

☐☐☐ 准备 zhǔnbèi 준비하다

☐☐☐ 戒指 jièzhi 반지

☐☐☐ 愿意 yuànyì 동의하다, 원하다, 기꺼이 바라다

☐☐☐ 老婆 lǎopó [구어, 부르는 말] 아내, 마누라

　+ 妻子 qīzi 아내, 부인

☐☐☐ 老公 lǎogōng [구어, 부르는 말] 남편, 서방

　+ 丈夫 zhàngfu 남편

연애도 대화가 필요해 🔊 25-2

我们几月几号举办婚礼呢?
wǒmen jǐ yuè jǐ hào jǔbàn hūnlǐ ne?
 民浩

 白夏
咦? 你现在跟我求婚吗? 不像话!
yí? nǐ xiànzài gēn wǒ qiúhūn ma? bú xiàng huà!

怎么了? 你不想跟我结婚吗?
zěnme le? nǐ bù xiǎng gēn wǒ jiéhūn ma?
 民浩

 白夏
你不懂浪漫! 老天爷, 我可以做他的女人吗?
nǐ bù dǒng làngmàn! lǎotiānyé, wǒ kěyǐ zuò tā de nǚrén ma?

来, 给我你的手。这就是我准备的戒指!
你愿意做我老婆吗?
lái, gěi wǒ nǐ de shǒu. zhè jiùshì wǒ zhǔnbèi de jièzhi!
nǐ yuànyì zuò wǒ lǎopó ma?
 民浩

 白夏
愿意, 我愿意! 你要做我老公吗?
yuànyì, wǒ yuànyì! nǐ yào zuò wǒ lǎogōng ma?

민호	우리 결혼식 몇 월 며칠에 할까요?
백하	엥? 지금 저한테 프로포즈하신 거예요? 말도 안 돼!
민호	왜요? 저랑 결혼 안 할 거예요?
백하	낭만이라고는 모르는 남자! 신이시여, 정녕 이 남자의 여자로 살아도 되겠습니까?
민호	자, 손 줘봐요. 이건 내가 준비한 반지! 제 아내가 되어주시겠습니까?
백하	기꺼이요! 당신은 제 남편이 되어주시겠습니까?

 # 연애도 공부가 필요해 🔊 25-3

• 청혼의 말

你嫁给我吧! 答应嫁给我!
nǐ jià gěi wǒ ba! dāying jià gěi wǒ!
나한테 시집와요! 시집온다고 대답해줘요!

我想陪你一起走完人生的路。
wǒ xiǎng péi nǐ yìqǐ zǒu wán rénshēng de lù.
난 이 인생 끝까지 당신과 함께 걷고 싶어요.

我要让你过上好日子。
wǒ yào ràng nǐ guò shang hǎo rìzi.
꽃길만 걷게 해줄게요.

虽然生命很短, 但我永远爱你。
suīrán shēngmìng hěn duǎn,
dàn wǒ yǒngyuǎn ài nǐ.
삶은 짧지만 영원히 당신을 사랑할게요.

嫁 jià 시집가다 / **答应** dāying 대답하다, 승낙하다 / **完** wán 완성하다, 마치다
过 guò 지내다, 시간을 보내다 / **虽然~但(是)** suīrán~dàn(shì) 비록 ~지만
生命 shēngmìng 생명, 삶 / **短** duǎn 짧다 / **永远** yǒngyuǎn 영원히

 연애도 감성이 필요해

🔊 25-4

그 남자의 일기

虽然我买不起钻戒，可是我要给她最坚实的爱情。
suīrán wǒ mǎibuqǐ zuànjiè, kěshì wǒ yào gěi tā zuì jiānshí de àiqíng.

虽然我买不起房子，可是我要给她最温暖的家庭。
suīrán wǒ mǎibuqǐ fángzi, kěshì wǒ yào gěi tā zuì wēnnuǎn de jiātíng.

虽然我买不起手表，可是我要给她最浪漫的时间。
suīrán wǒ mǎibuqǐ shǒubiǎo, kěshì wǒ yào gěi tā zuì làngmàn de shíjiān.

今天我想对她说："我们结婚吧！"
jīntiān wǒ xiǎng duì tā shuō : "wǒmen jiéhūn ba!"

다이아반지는 못 사주지만, 그녀에게 제일 견고한 사랑을 줄 것이다.

집은 못 사주지만, 그녀에게 제일 따뜻한 가정을 줄 것이다.

시계는 못 사주지만, 그녀에게 제일 로맨틱한 시간을 줄 것이다.

오늘은 그녀에게 말해야지, **"우리 결혼해요!"**

🎵🎧 오늘의 선곡

一整天哼着这首歌呢。李承洁 <咱们结婚吧>
yìzhěngtiān hēng zhe zhè shǒu gē ne
lǐ chéng jié <zánmen jiéhūn ba>

하루 온종일 이 노래 흥얼거리는 중. 리청지에 〈우리 결혼합시다〉

단어

买不起 mǎibuqǐ 살 수 없다
(돈이 없어서, 값이 비싸서)
钻戒 zuànjiè 다이아몬드 반지
坚实 jiānshí 견고하다, 튼튼하다
房子 fángzi 집
温暖 wēnnuǎn 따뜻하다, 안락하다
家庭 jiātíng 가정
手表 shǒubiǎo 손목시계
咱们 zánmen 우리
(화자와 청자를 모두 포함)

 ## 연애도 복습이 필요해

• 빈칸에 알맞은 말을 보기에서 고르세요.

보기	不像话	举办	求婚	老公	女人
	不懂	怎么了	老天爷	戒指	老婆

男 我们几月几号 1)_____婚礼呢?
　　우리 결혼식 몇 월 며칠에 할까요?

女 咦? 你现在跟我 2)_____吗? 3)_____!
　　엥? 지금 저한테 프로포즈하신 거예요? 말도 안 돼!

男 4)_____? 你不想跟我结婚吗?
　　왜요? 저랑 결혼 안 할 거예요?

女 你 5)_____浪漫! 6)_____, 我可以做他的 7)_____吗?
　　낭만이라고는 모르는 남자! 신이시여, 정녕 이 남자의 여자로 살아도 되겠습니까?

男 来, 给我你的手。这就是我准备的 8)_____! 你愿意做我 9)_____吗?
　　자, 손 줘봐요. 이건 내가 준비한 반지! 제 아내가 되어주시겠습니까?

女 愿意, 我愿意! 你要做我 10)_____吗?
　　기꺼이요! 당신은 제 남편이 되어주시겠습니까?

1)举办 2)求婚 3)不像话 4)怎么了 5)不懂 6)老天爷 7)女人 8)戒指 9)老婆 10)老公

**Chapter 9
결혼**

美好的三个字

아름다운 세 글자

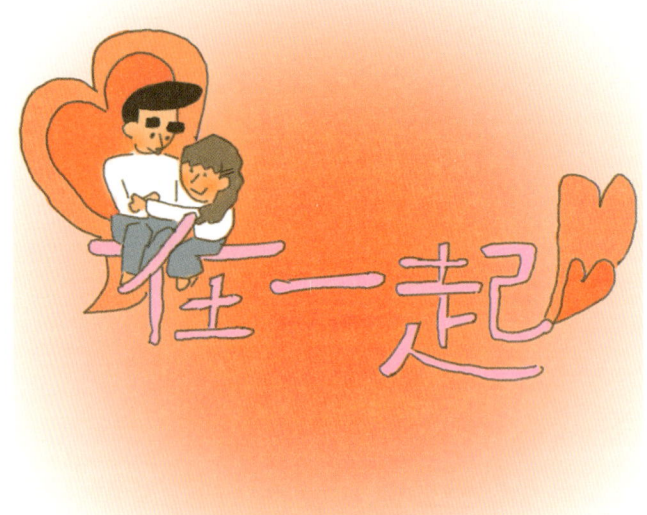

미리보기

民浩

真的是我的老婆吗?
zhēnde shì wǒ de lǎopó ma?
진짜 내 와이프?

现在我明明是你的老婆。
xiànzài wǒ míngmíng shì nǐ de lǎopó.
이제 빼도 박도 못하는 당신의 아내.

白夏

연애도 어휘가 필요해

🔊 26-1

이 과에서 배울 주요 단어입니다. 미리 익혀두세요.
✓ mp3를 들은 만큼 체크하며 공부해요.

☐☐☐ 美好 měihǎo 아름답다
☐☐☐ 三个字 sān ge zì 세 글자
　+ 字 zì 글자
☐☐☐ 典礼 diǎnlǐ (성대한)식, 의식
　+ 结婚典礼 jiéhūndiǎnlǐ 결혼식
☐☐☐ 哭 kū 울다
☐☐☐ 厉害 lìhai 굉장하다, 극렬하다
☐☐☐ 忍不住 rěnbuzhù 참을 수 없다, 견딜 수 없다
☐☐☐ 掉 diào 떨어지다
☐☐☐ 眼泪 yǎnlèi 눈물
☐☐☐ 原来 yuánlái 알고보니, 원래
☐☐☐ 如此 rúcǐ 이와 같다, 이러하다
　+ 原来如此 yuánláirúcǐ 알고 보니 그렇다, 과연 그렇다, 그렇구나
☐☐☐ 明明 míngmíng 분명히, 명백히
☐☐☐ 人生 rénshēng 인생, 삶
☐☐☐ 最 zuì 가장, 최고
☐☐☐ 一天 yì tiān 하루
☐☐☐ 会 huì ~할 것이다, ~할 가능성이 있다

아름다운 세 글자 181

연애도 대화가 필요해

在结婚典礼上, 你为什么哭得那么厉害?
zài jiéhūn diǎnlǐ shang, nǐ wèishénme kū de nàme lìhai?

民浩

白夏
一看到我妈哭, 我就忍不住掉眼泪。
是幸福的眼泪。嘿嘿。
yí kàndao wǒ mā kū, wǒ jiù rěnbuzhù diào yǎnlèi.
shì xìngfú de yǎnlèi. hēihēi.

原来如此。你现在真的是我的老婆吗?
yuánláirúcǐ. nǐ xiànzài zhēnde shì wǒ de lǎopó ma?

民浩

白夏
是啊, 现在我明明是你的老婆,
你明明是我的老公。
shì a, xiànzài wǒ míngmíng shì nǐ de lǎopó,
nǐ míngmíng shì wǒ de lǎogōng.

是的, 今天就是我人生中最幸福的一天。
shì de, jīntiān jiùshì wǒ rénshēng zhōng zuì xìngfú de yì tiān.

民浩

白夏
说什么呀? 以后的日子会更幸福呢~。
shuō shénme ya? yǐhòu de rìzi huì gèng xìngfú ne~.

민호	식장에서 당신 왜 그렇게 펑펑 울었어요?
백하	엄마 우는 거 보니까 눈물을 참을 수가 없더라고요. 행복의 눈물이죠. 헤헤
민호	그랬구나. 당신, 이제 진짜 내 와이프?
백하	네, 이제 빼도박도 못하는 당신 와이프, 당신은 내 서방님.
민호	그렇지요. 오늘이 내 인생 최고로 행복한 날이네요.
백하	무슨 소리? 앞으로 더 행복할 텐데~.

 # 연애도 공부가 필요해 🔊 26-3

• 평생 함께할 그대에게

从今天开始，我只疼你一个。
cóng jīntiān kāishǐ, wǒ zhǐ téng nǐ yí ge.
오늘부터 나는 당신만을 아끼고 사랑하겠습니다.

我不会骗你，不会欺负你。
wǒ bú huì piàn nǐ, bú huì qīfu nǐ.
당신을 속이거나 업신여기지 않겠습니다.

永远觉得你最漂亮。
yǒngyuǎn juéde nǐ zuì piàoliang.
영원히 당신이 제일 아름답다고 여기겠습니다.

在我的心里，只有你!
zài wǒ de xīnlǐ, zhǐyǒu nǐ!
내 맘속엔 당신뿐입니다!

开始 kāishǐ 시작하다 / 疼 téng 몹시 사랑하다, 끔찍이 아끼다 / 骗 piàn 속이다
欺负 qīfu 얕보다, 업신여기다 / 心里 xīnlǐ 마음속

 # 연애도 감성이 필요해

🔊 26-4

그 남자의 일기

经过千辛万苦我们终于结婚了，然后到了新婚旅行地。
jīngguò qiānxīnwànkǔ wǒmen zhōngyú jiéhūn le, ránhòu dào le xīnhūn lǚxíngdì.

我娶了这个女人。今天是个难忘的日子。
wǒ qǔ le zhè ge nǚrén. jīntiān shì ge nánwàng de rìzi.

突然想起了以前和她在一起的日子。
tūrán xiǎngqǐ le yǐqián hé tā zài yìqǐ de rìzi.

就像她说的一样，
以后在一起的日子会更幸福吧？
jiùxiàng tā shuō de yíyàng, yǐhòu zài yìqǐ de rìzi huì gèng xìngfú ba?

我觉得世上最美好的三个字就是 '在一起'。
wǒ juéde shìshang zuì měihǎo de sān ge zì jiùshì 'zài yìqǐ'.

우여곡절 끝에 결혼식을 올리고, 신혼여행지에 도착했다.
내가 이 여자에게 장가를 들다니, 오늘은 역사적인 날이다.
문득 그녀와 함께했던 지난 날들이 머리 속에 그려진다.
그녀 말처럼 앞으로 함께할 나날은 더 행복하겠지?
세상에서 가장 아름다운 3글자는 '함께 함'인 것 같다.

🎧 오늘의 선곡

今天我们俩躺在一张床上一起听首歌吧。
朱主爱 <在一起>
jīntiān wǒmen liǎ tǎng zài yì zhāng chuáng shang yìqǐ tīng shǒu gē ba. zhū zhǔ ài <zài yìqǐ>

오늘 우린 한 침대에 누워 함께 노래를 듣자. 주주아이 〈함께야〉

단어

经过 jīngguò 거치다, 겪다
千辛万苦 qiānxīnwànkǔ 천신만고
终于 zhōngyú 마침내, 결국
新婚 xīnhūn 신혼
旅行地 lǚxíngdì 여행지
娶 qǔ 아내를 얻다, 장가들다
难忘 nánwàng 잊기 어렵다
就像~一样 jiùxiàng~yíyàng
　　　　　~와 같이
躺 tǎng 눕다, 드러눕다
床 chuáng 침대

연애도 복습이 필요해

• 주어진 단어를 배열하여 문장을 완성해보세요.

1) 오늘부터, 나는 당신만 사랑하고 아낍니다.

   从 / 只 / 开始 /你一个 / 今天 / 我 / 疼   ➡ _____

2) 내 맘속엔 당신뿐입니다.

   你 / 我的 / 只有 / 在 / 心里   ➡ _____

• 퍼즐 속에서 다음 단어들을 찾아 표시해보세요.

- 남편
- 아내
- 여행지
- 결혼식
- 분명히
- 그랬구나
- 천신만고
- 참지 못하다

明	天	老	人	公	苦	万	辛
年	取	婆	结	婚	旅	行	地
住	婆	美	明	煕	过	结	婚
结	婚	典	礼	婆	恩	明	明
生	住	地	好	交	忍	万	辛
命	明	老	公	合	不	岁	娶
过	结	婚	行	梁	住	山	苦
千	辛	万	苦	旅	取	不	智
此	命	美	明	原	来	如	此

1)从今天开始, 我只疼你一个 2)在我的心里, 只有你 *퍼즐문제224p참조

Chapter 9 결혼

甜蜜的新婚生活
알콩달콩 신혼생활

미리보기

民浩

老婆~ 我来了。
lǎopó~ wǒ lái le.
여보 나 왔어요.

你这么快就下班了?
nǐ zhème kuài jiù xiàbān le?
이렇게나 일찍 퇴근?

白夏

# 연애도 어휘가 필요해

🔊 27-1

이 과에서 배울 주요 단어입니다. 미리 익혀두세요.
✓ mp3를 들은 만큼 체크하며 공부해요.

☐☐☐ 甜蜜 tiánmì 달콤하다, 행복하다
☐☐☐ 新婚 xīnhūn 신혼, 막 결혼하다
☐☐☐ 生活 shēnghuó 생활
　　　+ 新婚生活 xīnhūn shēnghuó 신혼생활
☐☐☐ 下班 xiàbān 퇴근하다
　　　+ 上班 shàngbān 출근하다
☐☐☐ 怕 pà 염려하다, 걱정이 되다, 두렵다
☐☐☐ 无聊 wúliáo 무료하다
☐☐☐ 早点 zǎodiǎn 좀 일찍
　　　+ 晚点 wǎndiǎn 좀 늦다, 연착하다
☐☐☐ 嘻嘻 xīxī 히히(수줍은 듯한 웃음소리)
　　　+ 哈哈 hāha 하하(보다 호탕한 웃음소리)
☐☐☐ 洗澡 xǐzǎo 몸을 씻다, 목욕하다
☐☐☐ 然后 ránhòu 그런 후에, 그 다음에
☐☐☐ 努力 nǔlì 노력하다, 열심히 하다
☐☐☐ 辛苦 xīnkǔ 고생스럽다, 수고롭다
☐☐☐ 嘛 ma 당연함을 표현하는 어기 조사
☐☐☐ 真是的 zhēnshìde (황당하거나 어이없을 때) 정말~ 진짜~
☐☐☐ 么么哒 mēmēdā 뽀뽀, 쪽쪽
　　　+ 棒棒哒 bàngbàngdā 최고다~, 짱이다~

 ## 연애도 대화가 필요해 🔊 27-2

老婆~ 我来了。
lǎopó~ wǒ lái le.

民浩

白夏

你这么快就下班了?
nǐ zhème kuài jiù xiàbān le?

我怕你一个人在家太无聊, 所以早点下班了。
wǒ pà nǐ yí ge rén zài jiā tài wúliáo, suǒyǐ zǎodiǎn xiàbān le.

民浩

嘻嘻。我想你了。你先去洗澡, 然后吃饭吧。
xīxī. wǒ xiǎng nǐ le. nǐ xiān qù xǐzǎo, ránhòu chī fàn ba.

白夏

亲爱的~ 先给我亲一个吧。今天我努力工作, 很辛苦嘛~。
qīn'àide~ xiān gěi wǒ qīn yí ge ba. jīntiān wǒ nǔlì gōngzuò, hěn xīnkǔ ma~.

民浩

真是的, 好吧~ 么么哒~。
zhēnshì de, hǎo ba~ mēmēdā~.

白夏

민호 여보~ 나 왔어요.
백하 이렇게나 일찍 퇴근을?
민호 자기 혼자 집에서 너무 심심할까 봐 일찍 퇴근했지요.
백하 히히. 보고 싶었어요. 먼저 씻고 밥 먹어요.
민호 자기~ 뽀뽀부터 한번 해줘. 나 오늘 열심히 일하고 고생했잖아요~.
백하 아이 정말, 알겠어요~ 뽀뽀 쪽~.

 ## 연애도 공부가 필요해 27-3

- 작지만 확실한 행복

早上一起出门, 晚上一起回家。
zǎoshang yìqǐ chūmén, wǎnshang yìqǐ huí jiā.
아침엔 함께 집을 나서고, 저녁엔 함께 귀가하기.

吃晚饭后手拉手一起散步。
chī wǎnfàn hòu shǒulāshǒu yìqǐ sànbù.
저녁 식사 후엔 손잡고 산책하기.

妻子为丈夫买各式各样的衬衫。
qīzǐ wèi zhàngfu mǎi gèshìgèyàng de chènshān.
아내는 남편을 위해 각양각색의 셔츠를 사고.

丈夫表示感谢背妻子回家。
zhàngfu biǎoshì gǎnxiè bēi qīzǐ huí jiā.
남편은 감사의 의미로 아내를 업어주기.

出门 chūmén 외출하다 / 手拉手 shǒulāshǒu 손에 손을 맞잡다 / 散步 sànbù 산책하다
为 wèi ~를 위해서 / 各式各样 gèshìgèyàng 각양각색 / 衬衫 chènshān 와이셔츠
表示 biǎoshì 표시하다 / 感谢 gǎnxiè 감사하다 / 背 bēi 업다

 연애도 감성이 필요해

🔊 27-4

그 남자의 일기

工作时间过得太慢。
gōngzuò shíjiān guò de tài màn.

我想早点回家见到老婆。
wǒ xiǎng zǎodiǎn huíjiā jiàndao lǎopó.

每天她准备晚饭然后等我回家。
měitiān tā zhǔnbèi wǎnfàn ránhòu děng wǒ huí jiā.

因为有她，我的每天又新鲜又幸福。
yīnwèi yǒu tā, wǒ de měitiān yòu xīnxiān yòu xìngfú.

甜蜜的新婚生活，谁不羡慕呢？
tiánmì de xīnhūn shēnghuó, shéi bú xiànmù ne?

근무시간이 너무 느리게 갔다.

빨리 집에 가서 여보를 보고 싶은데 말이다.

그녀는 매일 저녁밥을 준비하고 내가 오기를 기다린다.

그녀가 있어 내 하루하루는 새롭고 행복하다.

알콩달콩 신혼생활, 누군들 안 부러워하겠어?

🎵 오늘의 선곡

老婆，听着这首歌一起准备吃晚饭。
孙燕姿 ‹Honey Honey›
lǎopó, tīng zhe zhè shǒu gē yìqǐ zhǔnbèi chī wǎnfàn.
Sūn Yàn zī ‹honey honey›

마누라, 이 노래를 들으며 같이 저녁 준비해요.
쑨옌즈 〈honey honey〉

단어

工作时间 gōngzuò shíjiān 근무시간

慢 màn 느리다

晚饭 wǎnfàn 저녁밥

等 děng 기다리다

又~又~ yòu~yòu~ ~하기도 하고 ~하다

新鲜 xīnxiān 신선하다, 새롭다

新婚生活 xīnhūn shēnghuó 신혼 생활

谁 shéi 누구, 누가

羡慕 xiànmù 부러워하다

연애도 복습이 필요해

• 빈칸에 알맞은 단어를 넣어 작지만 확실한 행복을 완성해보세요.

보기	准备	手拉手	回家	背	妻子
	出门	晚饭	丈夫	各式各样	散步

1) 早上一起(　　), 晚上一起(　　)。　　아침엔 함께 집을 나서고 저녁엔 함께 귀가하기.

2) 听着歌一起(　　)吃(　　)。　　음악 들으며 함께 저녁식사 준비하기.

3) 吃晚饭后(　　)一起(　　)。　　저녁 식사 후엔 손잡고 산책하기.

4) (　　)为丈夫买(　　)的衬衫。　　아내는 남편을 위해 각양각색의 셔츠를 사기.

5) (　　)表示感谢(　　)妻子回家。　　남편은 감사의 의미로 아내를 업어주기.

• 주어진 단어를 배열하여 문장을 완성해보세요.

6) 자기 혼자 집에서 너무 심심할까 봐 일찍 퇴근했지요.

在家 / 太 / 无聊 / 你一个人 / 我 / 怕, 早点 / 所以 / 了 / 下班

➡

7) 자기~ 뽀뽀부터 한번 해줘.

给 / 我 / 吧 /亲爱的, / 先 / 一个 / 亲

➡

1)出门, 回家 2)准备, 晚饭 3)手拉手, 散步 4)妻子, 各式各样 5)丈夫, 背
6)我怕你一个人在家太无聊, 所以早点下班了 7)亲爱的, 先给我亲一个吧

Chapter 10

현실

现实

- **我当爸爸了。** 제가 아빠가 되었어요.
- **输就是赢** 지는 게 이기는 것
- **结婚是不是爱情的坟墓？** 결혼은 사랑의 무덤인 걸까?

Chapter 10
현실

我当爸爸了。
제가 아빠가 되었어요.

미리보기

男

你真的怀孕了?
nǐ zhēnde huáiyùn le?
당신 진짜로 임신한 거예요?

你当爸爸了。
nǐ dāng bàba le.
자기 아빠 됐어요.

女

연애도 어휘가 필요해

🔊 28-1

이 과에서 배울 주요 단어입니다. 미리 익혀두세요.
✓ mp3를 들은 만큼 체크하며 공부해요.

- ☐☐☐ 当 dāng ~가 되다
  + **当爸爸** dāng bàba 아빠가 되다
- ☐☐☐ 怎么 zěnme 어째서, 왜
- ☐☐☐ 哭 kū 울다, 소리내어 울다
  + **哭着** kū zhe 울고 있는 (상태)
- ☐☐☐ 哪里 nǎlǐ 어디, 어느 곳
- ☐☐☐ 不舒服 bù shūfu (몸이) 아프다, 불편하다
- ☐☐☐ 宝宝 bǎobao 아기, 귀염둥이
- ☐☐☐ 超声波 chāoshēngbō 초음파
  + **超声波照片** chāoshēngbō zhàopiàn 초음파 사진
- ☐☐☐ 这里 zhèlǐ 이곳, 여기
- ☐☐☐ 怀孕 huáiyùn 임신하다
- ☐☐☐ 不敢 bù gǎn 감히 ~하지 못하다
- ☐☐☐ 相信 xiāngxìn 믿다
  + **不敢相信** bù gǎn xiāngxìn 믿을 수가 없다
- ☐☐☐ 应该 yīnggāi ~하는 것이 마땅하다
- ☐☐☐ 跟~说 gēn~shuō ~한테 말하다, ~와 말하다

솔로 / 설렘 / 밀당 / 고백 / 시작 / 키스 / 일상 / 냉전 / 결혼

Chapter 10
현실

제가 아빠가 되었어요. 195

연애도 대화가 필요해 🔊 28-2

你怎么哭了? 哪里不舒服吗?
nǐ zěnme kū le? nǎlǐ bù shūfu ma?

民浩

白夏
老公, 你看! 这就是我们宝宝的超声波照片, 这里有我们的宝宝呢。
lǎogōng, nǐ kàn! zhè jiùshì wǒmen bǎobao de chāoshēngbō zhàopiàn, zhèlǐ yǒu wǒmen de bǎobao ne.

真的吗? 真的是真的吗? 你真的怀孕了?
zhēnde ma? zhēnde shì zhēnde ma? nǐ zhēnde huáiyùn le?

民浩

白夏
嗯, 是真的! 你当爸爸了。感觉怎么样?
èng, shì zhēnde! nǐ dāng bàba le. gǎnjué zěnmeyàng?

不知道该说什么, 真的... 真的不敢相信。
谢谢你, 谢谢你。
bù zhīdào gāi shuō shénme, zhēnde..., zhēnde bù gǎn xiāngxìn.
xièxie nǐ, xièxie nǐ.

民浩

白夏
应该跟宝宝说 "谢谢"
yīnggāi gēn bǎobao shuō "xièxie"

민호	왜 울었어요? 어디 아파요?
백하	여보, 이거 봐요! 이게 아기 초음파 사진이에요. 여기 우리 아가가 있어요.
민호	진짜? 진짜로 진짜예요? 자기 진짜로 임신한 거예요?
백하	응, 진짜예요! 자기 아빠 됐어요. 느낌이 어때요?
민호	무슨 말을 해야 할지... 아 정말 믿어지지가 않아. 고마워요. 진짜 고마워.
백하	아기한테 고맙다고 말해야죠.

 # 연애도 공부가 필요해

28-3

- 아기와의 만남

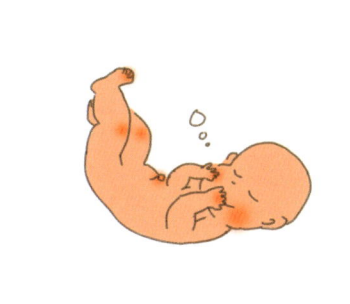

谢谢你来做我们的宝宝。
xièxie nǐ lái zuò wǒmen de bǎobao.
우리 아기로 와줘서 고마워.

宝宝, 我们只希望你能健康成长。
bǎobao, wǒmen zhǐ xīwàng nǐ néng jiànkāng chéngzhǎng.
아가야, 우린 네가 건강하게만 자라주었으면 해.

宝宝, 为了你我们什么都能接受。
bǎobao, wèi le nǐ wǒmen shénme dōu néng jiēshòu.
아가야, 널 위해서라면 우린 어떤 것도 다 견딜 수 있어.

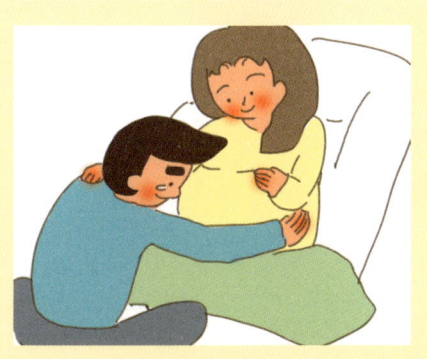

我们不能给你全世界,
但会把我们最好的都给你。
wǒmen bù néng gěi nǐ quán shìjiè,
dàn huì bǎ wǒmen zuìhǎo de dōu gěi nǐ.
온 세상을 너에게 줄 수는 없지만,
우리가 가진 최고의 것은 다 네게 줄게.

希望 xīwàng 희망하다, 바라다 / **健康** jiànkāng 건강하다 / **成长** chéngzhǎng 자라다, 성장하다
接受 jiēshòu 받아들이다, 견디다 / **全世界** quán shìjiè 전 세계, 온 세상 / **把** bǎ ~을, ~를

# 연애도 감성이 필요해 🔊 28-4

단어
高兴 gāoxìng 기쁘다
飞 fēi 날다
起来 qǐlai (동작이 위로 향함을 나타냄)
拥有 yōngyǒu 소유하다, 가지다
整个 zhěng ge 전체의
以后 yǐhòu 이후
到 dào ~까지
爸爸 bàba 아빠
超人 chāorén 슈퍼맨

그 남자의 일기

我老婆怀孕了!
wǒ lǎopó huáiyùn le!

高兴得要飞起来了。
gāoxìng de yào fēiqǐlai le.

好像拥有了整个世界的感觉。
hǎoxiàng yōngyǒu le zhěng ge shìjiè de gǎnjué.

谢谢老婆, 谢谢宝宝。以后我会好好的。
xièxie lǎopó, xièxie bǎobao. yǐhòu wǒ huì hǎohao de.

到现在我还是不敢相信, 我当爸爸了。
dào xiànzài wǒ háishì bù gǎn xiāngxìn, wǒ dāng bàba le.

내 아내가 임신을 했다!

너무 기뻐서 날아갈 것 같다.

온 세상을 다 가진 기분이다.

고마워 여보, 고마워 아가야. 앞으로 내가 잘할게.

아직도 믿을 수가 없다. 내가 아빠가 된다니.

🎵🎧 오늘의 선곡

宝宝, 为了你爸爸什么都愿意。爸爸是超人!
李行亮 <超人爸爸>
bǎobao, wèi le nǐ bàba shénme dōu yuànyì.
bàba shì chāorén! lǐ xíng liàng <chāorén bàba>

아가야, 널 위해서라면 아빠는 뭐든 다 해줄 수 있어.
아빤 슈퍼맨이야! 리싱량 〈슈퍼맨 아빠〉

 # 연애도 복습이 필요해

- 예비 엄마(准妈妈 zhǔn māma), 예비 아빠(准爸爸 zhǔn bàba)가 되어 뱃속 아기에게 쓰는 편지를 완성하세요.

보기	把	全世界	爱	感觉	健康成长
	做	最好的	希望	拥有	宝宝

亲爱的宝宝：
사랑하는 아이에게:

你好, 我们是你的"爸爸妈妈"! 我们会陪着你一起长大。
안녕, 우리가 너의 '아빠 엄마'야. 우리는 너와 함께 성장해 갈 거란다.

谢谢你来 1)_____ 我们的 2)_____。
우리 아가로 와줘서 고마워.

宝宝, 我们只 3)_____ 你能 4)_____。
아가야, 우린 네가 건강하게만 자라주었으면 해.

我们不能给你 5)_____, 但会 6)_____ 我们 7)_____ 都给你。
온 세상을 너에게 줄 수는 없지만, 우리가 가진 최고의 것은 다 네게 줄게.

爸爸妈妈好像 8)_____ 了整个世界的 9)_____。
아빠 엄마는 온 세상을 다 가진 기분이야.

谢谢你, 还有真的真的 10)_____ 你。
고마워. 그리고 정말 정말 사랑해.

1)做 2)宝宝 3)希望 4)健康成长 5)全世界 6)把 7)最好的 8)拥有 9)感觉 10)爱

Chapter 10
현실

输就是赢

지는 게 이기는 것

미리보기

白夏

我们家只有你一个人累吗?
wǒmen jiā zhǐyǒu nǐ yí ge rén lèi ma?
우리 집에 당신만 피곤해요?

好了好了, 我来洗碗。
hǎo le hǎo le, wǒ lái xǐwǎn.
알았어요, 내가 설거지할게.

民浩

연애도 어휘가 필요해

🔊 29-1

이 과에서 배울 주요 단어입니다. 미리 익혀두세요.
✓ mp3를 들은 만큼 체크하며 공부해요.

☐☐☐ 输 shū 지다, 패하다

☐☐☐ 赢 yíng 이기다

☐☐☐ 吃饱 chībǎo 배불리 먹다, 잘 먹다

☐☐☐ 躺 tǎng 눕다, 드러눕다

☐☐☐ 喽 lou 주위를 환기시키는 어기 조사

+ 要躺一下喽 yào tǎng yíxià lou 좀 누워야겠다

☐☐☐ 洗碗 xǐwǎn 설거지하다

☐☐☐ ~了就~ ~le jiù~ ~하자마자 곧 바로 ~하다

+ 吃了就躺 chī le jiù tǎng 먹자마자 눕다

☐☐☐ 工作 gōngzuò 일, 근무, 작업

☐☐☐ 累 lèi 피곤하다, 지치다

☐☐☐ 垃圾分类 lājī fēnlèi 쓰레기 분리수거

☐☐☐ 玩儿 wánr 놀다, 즐기다

☐☐☐ 生气 shēngqì 화내다, 성나다

☐☐☐ 双职工 shuāngzhígōng 맞벌이 부부

☐☐☐ 家务 jiāwù 집안일

+ 做家务 zuò jiāwù 집안일을 하다

솔로 / 설렘 / 밀당 / 고백 / 시작 / 키스 / 일상 / 냉전 / 결혼

Chapter 10 현실

지는 게 이기는 것 201

연애도 대화가 필요해

我吃饱了~ 要躺一下喽。
wǒ chībǎo le~ yào tǎng yíxià lou.

民浩

白夏

老公啊老公, 你可不可以洗碗,
怎么吃了就去躺着。
lǎogōng a lǎogōng, nǐ kěbukěyǐ xǐwǎn,
zěnme chī le jiù qù tǎng zhe.

今天我工作太累了。昨天我把垃圾分类了嘛。
jīntiān wǒ gōngzuò tài lèi le. zuótiān wǒ bǎ lājī fēnlèi le ma.

民浩

白夏

我们家只有你一个人累吗? 我是在家玩儿的吗?
wǒmen jiā zhǐyǒu nǐ yí ge rén lèi ma? wǒ shì zài jiā wánr de ma?

好了好了, 我来洗碗。你别生气。
hǎo le hǎo le, wǒ lái xǐwǎn. nǐ bié shēngqì.

民浩

白夏

我们俩是双职工呢, 应该一起做家务!
wǒmén liǎ shì shuāngzhígōng ne, yīnggāi yìqǐ zuò jiāwù!

민호	아~ 잘 먹었다. 좀 누워볼까.
백하	여보, 여보! 설거지 좀 해주면 안 될까? 어떻게 먹고 바로 누워있어요.
민호	나 일하고 와서 피곤해요. 어제 분리수거도 내가 했잖아요.
백하	우리 집에 당신만 피곤해요? 저는 집에서 놀아요?
민호	알았어요, 내가 설거지할게. 화내지 마요.
백하	우리는 맞벌이 부부잖아요. 가사일도 함께 해야죠!

 # 연애도 공부가 필요해 🔊 29-3

- 부부싸움 주의사항

不要在孩子, 父母的面前吵架。
bú yào zài háizi, fùmǔ de miànqián chǎojià.
아이와 부모님 앞에서는 싸우지 말 것

夫妻吵架动口不动手。
fūqī chǎojià dòngkǒu bú dòngshǒu.
입으로 다투되 폭력은 쓰지 말 것

当天吵架当天和好。
dàngtiān chǎojià dàngtiān héhǎo.
그날 싸우고 그날 화해할 것

*夫妻没有隔夜的仇 fūqī méiyǒu géyè de chóu
부부 싸움은 칼로 물 베기

无论吵得多凶, 千万不要说 '离婚。'
wúlùn chǎo de duō xiōng, qiānwàn bú yào shuō 'líhūn'.
아무리 거칠게 싸웠더라도 '이혼하자'는 말은 하지 말 것

吵架 chǎojià 말다툼하다 / 孩子 háizi 아이, 자녀 / 父母 fùmǔ 부모 / 面前 miànqián 면전 / 动口 dòngkǒu 말로 하다
动手 dòngshǒu 손찌검 하다 / 当天 dàngtiān 당일 / 和好 héhǎo 화해하다 / 无论 wúlùn ~을 막론하고
凶 xiōng 흉악하다 / 千万 qiānwàn 부디, 제발 / 离婚 líhūn 이혼하다

지는 게 이기는 것 203

연애도 감성이 필요해

🔊 29-4

단어
夫妻 fūqī 부부
避免 bìmiǎn 피하다, 면하다
+ 不可避免 bùkěbìmiǎn
(어떤 일이 생기는 것을) 피할 수 없다
常常 chángcháng 자주, 수시로
和睦 hémù 화목하다
有时候 yǒushíhou 가끔씩, 종종
输 shū 지다, 패하다
赢 yíng 이기다

그 남자의 일기

夫妻吵架是不可避免的。
fūqī chǎojià shì bù kě bìmiǎn de.

最近我们也常常吵架。
zuìjìn wǒmen yě chángcháng chǎojià.

今天我真的很累，想休息，
jīntiān wǒ zhēnde hěn lèi, xiǎng xiūxi,

但是为了家庭的和睦，我就去洗碗了。
dànshì wèi le jiātíng de hémù, wǒ jiù qù xǐwǎn le.

有时候真的是这样 "输就是赢"。
yǒushíhou zhēnde shì zhèyàng "shū jiùshì yíng".

부부싸움은 피할 수 없나 보다.

요즘은 우리도 자주 말다툼을 한다.

오늘은 정말 피곤해서 쉬고 싶었지만,

가정의 평화를 위해 기꺼이 설거지를 했다.

때로는 정말이지 **"지는 게 이기는 거다"**.

🎧 오늘의 선곡

老婆，我还是爱你。一起听首歌吧。
郭采洁<还爱着你>
lǎopó, wǒ háishi ài nǐ. yìqǐ tīng shǒu gē ba.
guō cǎi jié <hái ài zhe nǐ>

여보, 난 여전히 자기 사랑해. 우리 같이 들을까?
궈차이제 <loving you>

204 Chapter 10 현실

연애도 복습이 필요해

• 가로세로 열쇠를 보고 빈칸을 채워보세요.

가로 열쇠

① 쓰레기 분리수거
② 맞벌이 부부
③ 말다툼하다, 다투다
④ 말로 하다, 입을 놀리다
⑤ 지는 것이 이기는 것이다
⑥ 집안일을 하다
⑦ 화해하다

세로 열쇠

ⓐ 일하다
ⓑ 먹고 바로 눕다
ⓒ 때리다, 손찌검하다
ⓓ 가정
ⓔ 평화
ⓕ 설거지하다

①垃圾分类 ②双职工 ③吵架 ④动口 ⑤输就是赢 ⑥做家务 ⑦和好
ⓐ工作 ⓑ吃了就去躺 ⓒ动手 ⓓ家庭 ⓔ和平 ⓕ洗碗

Chapter 10 현실

结婚是不是爱情的坟墓？

결혼은 사랑의 무덤인 걸까?

미리보기

民浩

宝宝让你太辛苦了吧。
bǎobao ràng nǐ tài xīnkǔ le ba.
오늘 아가가 많이 힘들게 했죠?

不是宝宝，而是婆婆。
bú shì bǎobao, érshì pópo.
애기 말고, 어머님.

白夏

연애도 어휘가 필요해

🔊 30-1

이 과에서 배울 주요 단어입니다. 미리 익혀두세요.
✓ mp3를 들은 만큼 체크하며 공부해요.

☐☐☐ 坟墓 fénmù 무덤

☐☐☐ 吃苦 chīkǔ 고생하다, 고통을 당하다

☐☐☐ 婆婆 pópo 시어머니

☐☐☐ 挑剔 tiāotī 지나치게 트집 잡다

☐☐☐ 背 bēi (등에) 업다

☐☐☐ 孩子 háizi 아이, 자녀

☐☐☐ 汤 tāng 국물, 탕

☐☐☐ 咸 xián 짜다

☐☐☐ 来 lái 1. (화제를 전환하거나 주목을 끌 때) 자~
　　　　 2. 동사 앞에서 적극적으로 어떤 일을 하려는 것을 나타냄

☐☐☐ 按摩 ànmó 안마하다 (=做按摩 zuò ànmó)

☐☐☐ 明年 míngnián 내년

☐☐☐ 申请 shēnqǐng 신청하다

☐☐☐ 育儿 yù'ér 아이를 기르다, 육아

☐☐☐ 休假 xiūjià 쉬다, 휴가를 보내다

+ **育儿休假** yù'érxiūjià 육아휴직

☐☐☐ 休息 xiūxi 휴식하다, 쉬다

☐☐☐ 行了 xíng le 됐다, 됐어요

☐☐☐ 说不过 shuōbúguò 설득시킬 수 없다, 말로는 당해 낼 수가 없다

+ **说不过你** shuōbúguò nǐ 말로는 당신을 못 당한다

결혼은 사랑의 무덤인 걸까? **207**

연애도 대화가 필요해

今天怎么样? 宝宝让你太辛苦了吧。
jīntiān zěnmeyàng? bǎobao ràng nǐ tài xīnkǔ le ba.

民浩

今天让我吃苦的不是宝宝, 而是婆婆。
jīntiān ràng wǒ chīkǔ de bú shì bǎobao, érshì pópo.

白夏

你辛苦了。我妈妈有点挑剔了吧。
nǐ xīnkǔ le. wǒ māma yǒudiǎn tiāotī le ba.

民浩

背着孩子做饭, 觉得特别累!
可婆婆一直说 "汤咸"。
bēi zhe háizi zuò fàn, juéde tèbié lèi!
kě pópo yìzhí shuō "tāng xián".

白夏

来, 我来给你做个按摩。
明年我也要申请育儿休假! 你好好休息吧!
lái, wǒ lái gěi nǐ zuò ge ànmó.
míngnián wǒ yě yào shēnqǐng yù'er xiūjià! nǐ hǎohao xiūxi ba!

民浩

哎呦~ 行了行了, 说不过你。
āiyōu~ xíng le xíng le, shuōbúguò nǐ.

白夏

민호 오늘은 어땠어요? 아가가 많이 힘들게 했죠?
백하 오늘은 애기 말고 어머님 때문에 힘들었어요.
민호 고생했어요. 우리 엄마가 좀 까다롭죠?
백하 애기 업고 음식 하느라 너무 힘들었어요. 그런데 어머님은 "국이 짜다" 하시고.
민호 자, 내가 안마해줄게. 내년에는 나도 육아휴직을 낼게요! 당신은 편하게 쉬어요!
백하 에고~ 됐네요. 됐어. 말로는 못 당한다니까.

 ## 연애도 공부가 필요해 🔊 30-3

• 결혼의 좋은 점 VS 나쁜 점

有归属感。
yǒu guīshǔgǎn
소속감이 있다.

几乎没有个人时间。
jīhū méiyǒu gèrén shíjiān
개인 시간이 거의 없다.

不会太孤单。
(有人分享你的乐和苦)
bú huì tài gūdān.
(yǒu rén fēnxiǎng nǐ de lè hé kǔ)
외롭지 않다.(기쁨과 슬픔을 나눌 사람이 있다)

婆媳相处很难。(翁婿关系也是)
póxí xiāngchǔ hěnnán.(wēngxù guānxi yě shì)
고부갈등이 따른다.(장서 관계도 마찬가지)

归属感 guīshǔgǎn 소속감 / 几乎 jīhū 거의 / 个人 gèrén 개인
分享 fēnxiǎng 함께 나누다 / 乐 lè 즐겁다 / 苦 kǔ 힘들다, 고통스럽다
婆媳 póxí 시어머니와 며느리 / 相处 xiāngchǔ 함께 살다 / 翁婿 wēngxù 장인과 사위

연애도 감성이 필요해

🔊 30-4

그 남자의 일기

结婚有很多好处。
jiéhūn yǒu hěn duō hǎochù.

有家人照顾我，所以有心理上的安全感。
yǒu jiārén zhàogù wǒ, suǒyǐ yǒu xīnlǐ shang de ānquángǎn.

家人总是带给我幸福感动。
jiārén zǒngshì dàigěi wǒ xìngfú gǎndòng.

可是，我还是想要一点点的自由。
kěshì, wǒ háishi xiǎng yào yìdiǎndiǎn de zìyóu.

我想问，结婚是不是爱情的坟墓?
wǒ xiǎng wèn, jiéhūn shìbushì àiqíng de fénmù?

결혼은 좋은 점이 많다.

가족이 나를 보살펴주니 마음의 안식도 된다.

가족은 언제나 내게 행복과 감동을 준다.

하지만 나도 아주 약간의 자유가 있었으면 싶다.

묻고 싶다. **결혼은 사랑의 무덤인 걸까?**

🎵 오늘의 선곡

想开点，现在就是最幸福的时光！
开心地唱首歌吧。TF BOYS <我们的时光 >
xiǎng kāi diǎn, xiànzài jiùshì zuì xìngfú de shíguāng!
kāixīn de chàng shǒu gē ba. TF BOYS <wǒmen de shíguāng>

좋게 생각하자. 지금이 가장 행복한 순간이다! 신나게 불러야지.
TF BOYS 〈우리들의 시간〉

단어

好处 hǎochù 좋은 점, 장점

家人 jiārén 가족, 식구

照顾 zhàogù 보살피다, 돌보다

安全感 ānquángǎn 안도감, 안정감

总是 zǒngshì 늘, 언제나

一点点 yìdiǎndiǎn 아주 조금

自由 zìyóu 자유

坟墓 fénmù 무덤

想开点 xiǎng kāi diǎn 좋게 생각하다

时光 shíguāng 시기, 때

 ## 연애도 복습이 필요해

• 알맞은 것끼리 연결해보세요.

1) 외롭지 않다.　　2) 개인 시간이 없다.　　3) 고부갈등이 따른다.　　4) 소속감이 있다.

a) 有归属感。　　b) 没有个人时间。　　c) 不会太孤单。　　d) 媳妇相处很难。

• 가족 호칭을 정리해봅시다. 읽고 따라 써보세요.

남편	老公 lǎogōng	老公	아내	老婆 lǎopó	老婆
	丈夫 zhàngfu	丈夫		妻子 qīzi	妻子
아들	儿子 érzi	儿子	딸	女儿 nǚ'ér	女儿
장인	岳父 yuèfù	岳父	장모	岳母 yuèmǔ	岳母
시아버지	公公 gōnggong	公公	시어머니	婆婆 pópo	婆婆
사위	女婿 nǚxu	女婿	며느리	媳妇 xífù	媳妇
손자	孙子 sūnzi	孙子	손녀	孙女 sūnnǚ	孙女
외손자	外孙 wàisūn	外孙	외손녀	外孙女 wàisūnnǚ	外孙女

1)-c) 2)-b) 3)-d) 4)-a)

설레는 중국어,
설레는 한마디

- 小情人 꼬마 커플
- 学生情侣 학생 커플
- 校园情侣 캠퍼스 커플
- 远距离情侣 장거리 커플
- 姐弟恋 연상연하 커플
- 跨国情侣 국제 커플
- 初恋 첫사랑
- 新婚夫妻 신혼부부
- 中年夫妻 중년부부
- 老两口 노부부

小情人

꼬마 커플 xiǎoqíngrén

女 我给你我的巧克力。
내 초콜릿인데 너 줄게.

男 为什么给我?
왜 나 줘?

女 因为这是我最喜欢的。
왜냐하면 이것이 내가 제일 좋아하는 거니까.

学生情侣

학생 커플 xuésheng qínglǚ

我可以喜欢你吗？让我喜欢你。
내가 널 좋아해도 될까? 좋아하게 해줘.

校园情侣

캠퍼스 커플 xiàoyuán qínglǚ

不是在最好的时光遇见了你,
而是有你在我才有最好的时光。
가장 빛나는 때에 너를 만난 것이 아니라, 네가 있어 가장 빛나는 시간이야.

远距离情侣

장거리 커플 yuǎnjùlí qínglǚ

考验爱情的不是距离，而是信任。
사랑을 시험에 들게 하는 것은 거리가 아니라 믿음이다.

姐弟恋

연상연하 커플 jiědìliàn

把姐姐叫成你，让你感到我是一个男人。
너라고 부를게, 남자로 느끼도록 해줄게.

이승기 '내 여자라니까' 中 발췌

跨国情侣
국제커플 kuàguó qínglǚ

虽然我们都得很艰难地去学门外语,
但这是我们最幸福的一刻, 我们都相信,
是这艰难让我们更了解。

물론 서로의 모국어를 배워야 하겠지만 그 어려움이 가장 행복한 순간이 될 것입니다.
이 어려움으로 서로를 더 깊이 이해하게 되리라 믿습니다.

탕웨이, 김태용 결혼 발표 공식입장 中 발췌

설레는 한마디

初恋

첫사랑 chūliàn

我很喜欢当时喜欢你的我。
나도 너를 좋아했던 그때의 내가 좋아.

〈그 시절, 우리가 좋아했던 소녀〉 대사 中 발췌

新婚夫妻

신혼부부 xīnhūn fūqī

女 我好冷。
나 너무 추워.

男 来, 让我抱抱你吧。
이리로 와, 내가 안아줄게.

中年夫妻

중년부부 zhōngnián fūqī

女 我宝贝女儿嫁给他, 我怎么办?
우리딸 시집가면, 난 어떡한담?

男 还有我呢。
내가 있잖소。

老两口

노부부 lǎoliǎngkǒu

下辈子也要找到你。
다음 생에도 당신을 찾아 내겠소.

페이의 설레는 중국어
답안지

p31 〈나는 모태솔로다.〉

女	性	朋	友	是	的	干	嘛
老	吗	介	绍	朋	介	然	绍
朋	不	要	好	朋	友	们	不
友	是	的	真	的	男	朋	友
要	母	吧	要	不	要	真	的
不	要	胎	非	常	没	有	自
不	要	不	单	没	有	当	然
介	绍	常	单	身	狗	时	侯

p185 〈아름다운 세글자〉

明	天	老	人	公	苦	万	辛
年	取	婆	结	婚	旅	行	地
住	婆	美	明	聚	过	结	婚
结	婚	典	礼	婆	恩	明	明
生	住	地	好	交	忍	万	辛
命	明	老	公	合	不	岁	娶
过	结	婚	行	梁	住	山	苦
千	辛	万	苦	旅	取	不	智
此	命	美	明	原	来	如	此